FILIPE SERAFIM MAPILELE

Mestrando em Direito e Negócios Internacionais
Licenciado em Filosofia, especialização em Gestão de Recursos Humanos e Ética

DA FUNDAMENTAÇÃO METAFÍSICA À ANÁLISE AXIOLÓGICA DA IDEIA DE VONTADE E SOFRIMENTO EM SCHOPENHAUER

Fevereiro de 2018

Resumo

O pensamento filosófico de Schopenhauer é passível de várias interpretações dada a sua complexidade. Os conceitos de vontade e sofrimento são aqui fundamentados numa dimensão metafísica e análise axiológca. A vontade é um conceito do domínio da ética conquanto ligado ao da liberdade. A vontade é inata no homem e independe dele para a sua efectivação. A justiça que é entendida no quadro geral da vontade pode ser humana – enquanto exercida e regida pelos homens, e eterna – enquanto aquela que se sobrepõe aos homens. A liberdade e a consciência são conceitos que concorrem para a fundamentação da ideia da vontade e a manifestação da racionalidade no homem. A vontade pode levar o homem a cair no sofrimento, donde resulta a necessidade da sua libertação, que no entender de Schopenhauer é feita por meio da arte, esta última que na sua dimensão apreensiva e comunicativa termina com a elaboração do conhecimento – portanto, a dimensão gnoseológica. Em suma, é preciso ressaltar que aqui percorre-se um caminho dialético, pois parte-se da vontade que leva ao sofrimento, onde se liberta por meio da arte e termina com dimensão gnoseológica.

Palavras-chave: Schopenhauer, vontade, liberdade, sofrimento, arte, libertação, conhecimento.

Abstract

The philosophical thought of Schopenhauer is open to several interpretations given its complexity. The concepts of will and suffering here are based on a metaphysical dimension and axiological analysis. The will is a concept from the field of ethics while connected to freedom. The desire is innate in man and independent of him for its implementation. The justice that is understood in the general framework of the will can be human - as exercised by men and governed, and eternal - as one that overlaps the men. The freedom and awareness are concepts that contribute to the foundation of the idea of the will and the manifestation of rationality in man. The will can lead man to fall in suffering, hence the need for its release, which in the opinion of Schopenhauer is done through art, which in its latter apprehensive and communicative dimension ends with the creation of knowledge - hence the gnoseological dimension. In short, we must emphasize here that scrolls through a dialectical way, as a part of the will - that leads to suffering, which is released through art and ends with gnoseological dimension.

Keywords: Schopenhauer, will, freedom, suffering, art, freedom, knowledge.

Índice

Introdução

O estudo da metafísica como ciência das causas primeiras e dos princípios primeiros, ou do ser enquanto ser, remonta desde a antiguidade clássica, a partir das obras que Aristóteles chamou de Filosofia Primeira, pensamento filosófico que busca entender o ser na sua essência, que supera a dimensão da experiência sensorial.

No âmbito da sistematização das obras de Aristóteles, Andrónico de Rodes[1] juntou as obras da Filosofia Primeira e chamou-as de Metafísica e as obras da Filosofia Segunda chamou-as de Física. Ora, é sabido que, o que Aristóteles desenvolve não é exactamente uma física, ao menos no sentido que este termo ganhou na modernidade. Na verdade, trata-se mais propriamente de uma "metafísica do sensível" que vem ao encontro da sua própria concepção de física como sendo uma ciência teorética, precedida pela metafísica, e sucedida pela matemática. É que, para Aristóteles, ambas as ciências, conquanto distintas, estão interligadas. Ao longo da história da filosofia foi sempre concebida a metafísica como a ciência do Ser, onde procurou-se sempre compreender a transcedência do Ser.

No meio das discussões na modernidade, Immanuel Kant traz uma nova dimensão metafísica, uma metafísica dos costumes, aquela que vai se basear na praxis quotidiana, isto é, ma metafísica dos costumes. Esta metafísica dos costumes, não deve ser tomada como Antropologia – uma vez debater-se com questões da praxis quotidiana, mas sim, é mesmo uma metafísica que se funda em costumes, que são observados e estudados mediante uma análise transcendente a experiência humana, e que vá desaguar no aspecto ético. "Deste modo, surge a ideia de uma dupla metafísica: uma Metafísica da natureza e uma Metafísica dos costumes. A Física terá pois, além de sua parte empírica, uma parte racional. Outro tanto sucede com a Ética; embora, aqui, a parte empírica possa denominar-se particularmente Antropologia prática, e a parte racional receber o nome de Moral." (KANT, 1960, p. 14). É neste sentido que, na obra *Fundamentação da Metafísica dos Costumes,* Kant vai se debater com assuntos como *Vontade, Lei Moral;* acabando por postular uma análise ético-moral.

Ora, Schopenhauer, no seu discurso metafísico e ético, vai partir destes princípios kantianos, podendo desenvolver a sua metafísica e ética. A ideia de sofrimento encontra contornos na filosofia de Schopenhauer, quando a discute relacionada aos actos humanos. Neste sentido, vem-nos o debate metafísico relacionado ao ético na medida em que, a vontade é compreensível e interpretável numa dimensão metafísica, explicável na sua

---

[1] Quem sistematizou as obras de Aristóteles e agrupou-as em: Metafísica, Física e Matemática

transcendentalidade à experiência humana.Todavia, os seus efeitos são julgáveis numa dimensão ética, pois, vão tocar com o agir humano comovido por esta vontade.

É por esta vontade que se vai passar pelo sofrimento, momento de constrangimento humano, uma alma angustiada. Desta forma, entende-se que o sofrimento é fruto da vontade humana. E como o sujeito não quer permanecer eternamente no sofrimento, vai procurar uma forma de libertação, daí que encontra a arte como expressão libertadora do sofrimento.

É nesta expressão libertadora do sofrimento que a arte vai ser tomada como produção do conhecimento. Ora, importa salientar que este caminho toma uma lógica dialéctica na medida em que parte da vontade, passa pelo sofrimento e termina na arte.

A arte é, com efeito, a primeira forma de libertação na medida em que é contemplação estética. Esse conhecimento isento da vontade, liberta temporariamente o homem dessa vontade, transformando o mesmo homem em puro sujeito que conhece. Um cunho metafísico é impregnado na análise da ideia da vontade e sofrimento. Pois, reclamam uma explicação supra-sensível, por um lado, por outro lado, estas ideias todas são acompanhadas de uma componente ética, pois, são actos humanos e praticados no seio da comunidade humana.

É neste cômputo que, direccionaremos a nossa pesquisa, procurando a significância que se pode dar à ideia de vontade e sofrimento do ponto de vista metafísico, mas também a interpretação e orientação que se pode dar do ponto de vista ético.

Refira-se que o pensamento de Schopenhauer sempre é tomado como pessimista, expressa o sentimento de uma alma sofrente, todavia, queremos aqui realçar que, acima de tudo, Schopenhauer procurou reflectir sobre a realidade humana. Pese embora tenha se apresentado com certo pessimismo, acreditamos que acima de tudo mostra-nos a justificação do agir humano que em muitas vezes é caracterizado por actos maléficos. Diz Schopenhauer que o homem é o mais perverso de todas as criaturas. Ora, se assim se expressa o autor, importa-nos fazer uma compreensão sobre o porquê desta afirmação.

1.   Contextualização

Arthur Schopenhauer nasceu em Danzig aos 22 de Fevereiro 1788 e morreu em Frankfurt aos 21 de Setembro 1860. Foi um filósofo alemão do século XIX, da corrente irracionalista. Filho de Heinrich Floris Schopenhauer, comerciante da cidade de Danzig, na Prússia, o filósofo Arthur Schopenhauer estava destinado a seguir a profissão de seu pai.

A morte do pai (presumivelmente cometeu suicídio) permitiu-lhe, contudo, abandonar para sempre os estudos comerciais e voltar-se para uma carreira universitária, como era seu desejo. Assim, Schopenhauer passou a dedicar-se aos estudos humanísticos, ingressando no Liceu de Weimar em 1807; dois anos depois, encontrava-se na faculdade de medicina de Göttingen, onde adquiriu vastos conhecimentos científicos. Sua obra principal é *O mundo como vontade e representação*.

Nos séculos XVIII e XIX o debate filosófico alemão é fortemente caracterizado pelo romantismo e idealismo pós-kantiano. É neste intervalo do tempo que Schopenhauer vive e faz a sua filosofia, que não se distancia das questões do tempo. Aliás, faz críticas a filosofia kantiana.

Outro aspecto que influenciou o pensamento filosófico de Schopenhauer, são as viagens que empreendeu pelo mundo e o contacto com as religiões orientais, dai que é chamado um filósofo oriental no ocidente. Sendo contemporâneo de Hegel – este que tinha uma reputação muito forte a nível do Estado Prussiano e que fora reitor da Universidade de Berlim, Schopenhauer conheceu também oposição com relação ao pensamento de Hegel, a ponto de chegar a abandonar o ensino na Universidade de Berlim e isolar-se em Frankfurt.

O pensamento de Schopenhauer é fortemente influenciado pela metafísica de Platão, a ética de Kant e a ideia de Hobbes, segundo a qual o homem é mau por natureza. Schopenhauer combateu fortemente a filosofia hegeliana e influenciou fortemente o pensamento de Nietzsche, Hartmann, Simmel, Bergson e Freud.

PRIMEIRO CAPÍTULO: DA FUNDAMENTAÇÃO DA IDEIA DA VONTADE

O primeiro capítulo versa-se sobre a fundamentação da ideia da vontade, onde vamos, acima de tudo, fazer um discurso sobre o conceito da vontade na filosofia de Schopenhauer. Os conceitos de vontade e sofrimento são de fundamental importância no pensamento de Schopenhauer, pois, a vontade será uma condicionante para a acção humana, e esta pode vir a gerar sofrimento no homem.

Numa primeira fase, faremos uma breve resenha sobre a contextualização do pensamento de Schopenhauer, do ponto de vista do tempo em que viveu e as principais correntes que vigoraram nessa mesma época. Tendo em conta que Schopenhauer vive nos anos 1788 – 1860, e nestes anos temos o advento do romantismo e idealismo alemão pós-kantiano, torna-se mister abordar esta questão, pois, também o autor em estudo revela-se romântico bem como idealista pós-kantiano, na medida em que vai tecer certas críticas ao pensamento de Kant.

É que nos finais do século XVIII e início do século XIX, conhece-se na Alemanha uma nova dinâmica do pensamento que toma a figura de Kant como ponto de partida, onde fundamentalmente são feitas duras críticas ao seu pensamento. Estes movimentos são mais postulados por Schelling e Fichte, e posteriormente notabilizam-se Schopenhauer e Hegel.

Constitui uma das bases do seu pensamento a questão do panteísmo que se alicerça sobre a teoria da dualidade cosmológica de Platão e sobre a concepção do homem como um animal mau por natureza em Thomas Hobbes.

1.   Correntes que influenciaram o pensamento de Schopenhauer

1.1.   Romantismo

O Romantismo nasce nos finais do século XVIII e início do século XIX, na Alemanha. De acordo com Marcondes e Japiassú, Romantismo é "doutrina filosófica, distinta do movimento artístico-literário que, do final do século XVIII até a metade do século XIX, em reacção contra o racionalismo da filosofia das Luzes, põe-se a depreciar os valores racionais e a enaltecer a imaginação, a intuição, a espontaneidade e a paixão" (MARCONDES, JAPIASSÚ, 2001, p. 168).

Neste sentido, o Romantismo é tido como o movimento que vem se opor ao racionalismo do iluminismo. Tal como é sabido, o iluminismo é um movimento que enfatiza o uso da razão no âmbito da experiência humana. O iluminismo é defendido por pensadores como Kant, Benjamin Constant, Denis Diderot, Montesquieu, entre outros, segundo os quais, a primazia da razão é necessária para toda a reflexão humana.

A época iluminista ficou também conhecida como Século das Luzes. Importa salientar que o iluminismo, vem em oposição à Idade Média – que foi chamada época das trevas – onde a racionalidade era ligada a autoridades religiosas, e os homens particulares não tinham a liberdade de expressar o seu pensamento. Com o advento da modernidade, o iluminismo traz à tona a questão do uso da razão e a sua supremacia relativamente a tudo.

Na filosofia de Schopenhauer, o iluminismo tem por órganon a luz interior, a intuição intelectual. Quando toma por base uma religião, torna-se misticismo, e uma tendência natural e primitiva do espírito humano. Mas não se pode considerá-lo um método filosófico, já que os conhecimentos que evoca não são comunicáveis.

O romantismo, por sua vez, opõe-se ao iluminismo, trazendo a valorização dos sentimentos e emoções particulares. É neste sentido que se pode perguntar se realmente o romantismo é ou não um movimento filosófico, pois, no recurso à história, notamos que a filosofia desde a antiguidade clássica é uma reflexão crítica da realidade que se faz por meio de uma justificação lógica racional que tem a sua base alicerçada sob a razão, que é o meio pelo qual se desenvolve a pesquisa.

Todavia, ainda na antiguidade clássica, encontramos os poemas de Hesíodo e Homero, que são também uma manifestação da expressão artística que, inclusive alguma literatura, defende que seja por aqui onde se impulsionou o gosto e a paixão pela actividade hermenêutica no mundo grego.

Ora, o romantismo, traz a valorização de sentimentos particulares e emoções, isto é, com o romantismo, não se fica prezo num simples facto do uso da razão, mas sim, além da razão, admite-se que por meio dos sentimentos e emoções particulares pode-se elaborar algum conhecimento.

Para Grissault, "se o romantismo exalta o eu, a individualidade livre em relação ao universalismo redutor da razão, ele está também em busca do absoluto, e vê no homem e na natureza a manifestação da grandeza divina: o romantismo contribui para o retorno da fidelidade dos princípios da religião cristã" (GRISSAULT, 2012, p. 173).

1.2. Idealismo alemão pós-kantiano

O idealismo alemão pós kantiano, tal como o próprio nome o diz, surge depois de Kant, e vigora no século XIX. Na perspectiva de Marcondes e Japiassú, idealismo alemão pós-kantiano "é o desenvolvimento da doutrina kantiana, sobretudo por Fichte e Schelling, que no entanto deram a essa doutrina uma interpretação mais subjectiva e menos crítica, prescindindo da noção de coisa-em-si e considerando o real como constituído pela consciência" (MARCONDES, JAPIASSÚ, 2001, p. 98).

O idealismo alemão pós-kantiano toma a obra de Kant como ponto de partida e segue a duras críticas, partindo da crítica à filosofia crítica kantiana que, para estes idealistas, a crítica não é científica mas sim, pode servir de propedêutica para a ciência, pois, no entender destes pensadores, não se pode fixar apenas numa dimensão crítica, é necessário ir ao encontro de certos pressupostos analíticos para o estudo.

De acordo com Otto Liebmann, "pode-se fazer filosofia com Kant, pode-se fazer filosofia contra Kant, mas não se pode fazer filosofia sem Kant" (LIEBMANN, *apud* MARCONDES, 2010, p. 243). Para este autor, seguidor e defensor de Kant no século XIX – época em que mais vigorou o idealismo alemão pós-kantiano – é admissível tecer críticas ao pensamento de Kant, mas não se pode excluir Kant da redacção filosófica.

Ora, tomando como base que este idealismo é mesmo pós-kantiano e crítico à filosofia de Kant, podemos afirmar que realmente Immanuel Kant é uma figura incontornável na redacção filosófica. Daí que se pode notar que na verdade, não se abandona o pensamento kantiano, mas sim, critica-se. Assim, "os sistemas criados pelos sucessores de Kant têm por fim pensar o real superando a oposição kantiana da coisa e do espírito" (GRISSAULT, 2012, p. 173). Deste modo, o idealismo alemão pós-kantiano é uma superação do pensamento de Kant.

Fichte é um dos pensadores percursores do idealismo alemão pós-kantiano. Este autor insistiu várias vezes em dizer que seu sistema nada mais era do que a filosofia kantiana exposta com procedimento diferente do de Kant. É assim que de acordo com Reale "a grande novidade de Fichte, o golpe de génio que o levou a criação da nova filosofia, consistiu na transformação do *Eu penso* kantiano em *Eu puro*, entendido como intuição pura, que se autopõe e, autopondo-se, cria toda a realidade, e na relativa identificação da essência desse Eu com a liberdade" (REALE, ANTISERI, 1991, p. 50). Neste sentido, o pensamento de Johan Fichte, toma um rumo contrário ao de Kant.

Já para Friedrich Wilhelm Joseph Schelling, também um dos principais percursores do idealismo alemão pós-kantiano, a filosofia teórica é o idealismo, a filosofia prática é o realismo, e somente juntas formam o sistema completo do idealismo transcendental. "O idealismo e o realismo se pressupõem mutuamente, o mesmo ocorre com a filosofia teórica e a filosofia prática; e, no próprio Eu, é originariamente uno e ligado aquilo que nós devemos separar em benefício do sistema que estamos construindo" (SCHELLING, apud REALE, ANTISERI, 1991, p. 83).

1.3.   O panteísmo

Por definição, o Panteísmo é a concepção segundo a qual "tudo o que existe deve sua existência a Deus, e em última análise se identifica com Deus. Deus é assim um ser imanente ao mundo, à natureza, e não um ser exterior e transcendente" (MARCONDES, JAPIASSÚ, 2001, p. 146). Na filosofia clássica, os estóicos defenderam uma posição na qual Deus se confundia com a Alma do Mundo. No pensamento moderno, Spinoza é o principal representante do panteísmo afirmando que Deus é a única substância infinita e eterna, da qual todas as coisas existentes são apenas modos.

O panteísmo é por assim dizer a doutrina que identifica Deus com o Mundo, em oposição ao ateísmo e teísmo, onde o ateísmo defende a não existência de Deus e o teísmo a existência e omnipotência de Deus.

Schopenhauer, na sua obra *Parerga e Paralipomena*, no seu discurso sobre o panteísmo, demonstra o erro que se comete ao identificar Deus com o mundo. Pois, ao se tomar o mundo como aquele conhecido como depósito das impurezas, onde os homens se tomam um ao outro como inimigos, na sua relação superabundando mais o ódio do que o amor, ou seja, como salienta Schopenhauer o homem é o mais perverso de todos os animais, seria incorrecto identificar a figura de Deus com este mundo caracterizado por impurezas, dado que Deus é tido como o todo-poderoso, o supremo bem, e se é e tem estas qualidades todas, fica sem nexo poder identificá-lo com um mundo de impurezas.

Por outro lado, Schopenhauer refuta os argumentos do teísmo, pois, este afirma a existência, omnipotência, suprema bondade e omnisciência de Deus e, vendo a perversidade do mundo, encontra-se um argumento controverso dado que, a omnipotência e bondade de Deus se isolam do mundo que na concepção do teísmo é da sua criação. Assim, entende-se que se realmente Deus é o criador do mundo, por que permitir esta perversidade do mundo? ou ainda o teria criado e abandonado?

Ora, ao se retornar a ideia de Hobbes, segundo a qual *o homem é mau por natureza*, entende-se a influência que esta ideia exerceu sobre Schopenhauer e, acima de tudo, o meio em que viveu, as dificuldades que teve, justificam de certo modo a razão desta expressão pessimista sobre o mundo e o homem. Portanto, a existência amarga do filósofo, seu temperamento mórbido e sua solidão trágica, proporcionaram a principal matéria-prima da sua filosofia.

Chamando Deus de substância e preenchendo esse conceito de diversos atributos, tal como fizera Descartes e Spinoza, Schopenhauer vai além dele e deriva de sua definição não apenas a existência de Deus, mas também a existência do mundo que, previamente subsumido no primeiro conceito, é deste derivado como o efeito de uma causa, com o quê se estabelece a identidade entre causalidade natural e causalidade divina e ambas são tomadas como *causa sui*.

Kant afirma que "só nos resta dizer que existem sujeitos que não podem, de forma alguma, ser suprimidos, e que, por conseguinte, devem subsistir" (KANT, 2009, p. 390). É assim que a ideia de Deus, ou de um Ser Supremo vai ter um forte domínio em toda a humanidade. O homem tem por conseguinte, desde a nascença a tendência a buscar uma divindade. Portanto, a vida do homem é norteada em vista a uma certa divindade sobre a qual se reserva toda a veneração e respeito.

Assim, para Schopenhauer, embora Spinoza tenha ultrapassado o dualismo cartesiano entre Deus e mundo ou entre alma e corpo, ele manteve a confusão estabelecida por Descartes entre uma relação de princípio de conhecimento à sua consequência e uma relação de causa e efeito. "Spinoza teria tomado um princípio de conhecimento compreendido na esfera de um conceito dado como uma causa agente real e objectiva" (SCHOPENHAUER, 1997, p. 34).

2. Da ideia da vontade em Schopenhauer

2.1. Ética

O estudo da ética como ciência da moral que trata das questões da finalidade e sentido da vida humana, fundamentos e obrigação do dever, remonta desde a antiguidade clássica, onde encontramos figuras como Sócrates, Platão, Aristóteles entre muitos outros. Sócrates, interpela o estudo da ética e moral com a sua máxima "homem, conheça-te a ti mesmo". Aqui começa o grande debate ético, onde toma-se a ética como a ciência que vai reflectir sobre o bem e o mal válidos universalmente.

Ora, este estudo tem sua evolução ao longo da história da filosofia, sendo a época clássica fundamentalmente caracterizada por uma ética virada para o homem, na medida em que a maior preocupação dos pensadores era legislar ou estudar os princípios que permitissem um bom agir ao homem enquanto um ser que vive em comunidade e na relação com os outros.

Na época medieval, a ética é virada e ancorada à dimensão religiosa uma vez que o homem deve a sua existência a Deus seu Criador. A ideia de Deus era forte e esta figura divina era tida como a razão do viver. Diz Santo Agostinho "então, como vos hei-de procurar, Senhor? Quando vos procuro, meu Deus, busco a vida eterna. Procurar-vos-ei, para que a minha alma viva. O meu corpo vive da minha alma e esta vive de vós" (SANTO AGOSTINHO, 2013, p. 234). É esta a ideia que vigora na época medieval: vive-se por Deus e para Deus, e é esta moral que se prega: viver para Deus.

Já na modernidade, com o advento do iluminismo, a consequente rejeição das tradições anteriores, nomeadamente a antiga e medieval e os avanços científicos, abandona-se o teocentrismo e entra-se no antropocentrismo, onde o homem é o centro de todas as investigações. Aqui, a dignidade que era atribuída ao homem na época medieval e a sua não admissão ao estudo em laboratórios, é abandonada, ciências como a fisiologia, psicologia ganham sua independência científica. Schopenhauer, no seu discurso sobre a ética, vai optar por apresentar a ideia das virtudes e vícios.

2.2. Virtudes e vícios

A ética das virtudes tem origem no pensamento de Aristóteles que estabeleceu os fundamentos de uma ética centrada na pessoa, no seu carácter, na sua capacidade de julgar actos morais e no facto de a formação do carácter começar antes de o ser humano racionalizar as suas acções. Uma acção eticamente correcta é a que é encetada pelas pessoas através de um carácter recto e disposição para a prática do bem, da justiça e da equidade.

A virtude é uma qualidade positiva do indivíduo que faz com que este aja de forma a fazer o bem para si e para os outros. Platão considerava a virtude como inata, como uma qualidade que o indivíduo traz consigo e que, portanto, não pode ser ensinada. Contrariamente a Platão, Aristóteles considerava que a virtude podia ser adquirida, sendo na realidade resultado de um hábito: a virtude é uma disposição adquirida voluntariamente, consistindo, em relação a nós, em uma medida, definida pela razão conforme a conduta de um homem que age reflectidamente. Ela consiste na medida justa entre dois extremos, um pelo excesso, outro pela falta. "Algumas pessoas identificam a felicidade com a virtude, outras com a sabedoria prática, com a sabedoria filosófica, e outras, ainda, a identificam com tudo isso, ou uma delas, acompanhadas do prazer, ou sem que lhe falte o prazer, e finalmente outras incluem a prosperidade exterior" (ARISTÓTELES, 2010, p. 25).

Entre Platão e Aristóteles há divergência na concepção da origem da virtude no homem, pois, enquanto para Platão a virtude é inata, para Aristóteles ela é adquirida. Não obstante a esta controvérsia, ambos autores são concordes ao tomar a virtude como qualidade ou conduta do homem.

Já para Schopenhauer, a virtude é sim uma qualidade humana, porém, a virtude surge na sequência dos vícios. Isto é, e como é sabido, o vício se opõe à virtude e corresponde a uma falha ou falta moral habitual que leva o indivíduo a cometer delitos, a infringir princípios morais. Os homens, na sua natureza má, são mais cumulados de vícios do que de virtudes, e a praxis da virtude surge em oposição à praxis dos vícios na medida em que os homens poderão fazer a transição de vícios para as virtudes.

É que, de acordo com Schopenhauer, "tudo o que provém do sentimento egoísta é destituído de valor moral. Donde se segue que a moral e, geralmente, o conhecimento abstracto, não pode produzir a verdadeira virtude. Esta não pode nascer senão do conhecimento intuitivo que nos faz reconhecer nos outros a nossa essência" (SCHOPENHAUER, 2012a, p. 153).

Neste sentido, Schopenhauer tenta legitimar que a virtude procede do conhecimento. Assim, os homens nas suas relações, vão à primeira se reparar na praxis do vício e, com o conhecimento, passarão dos vícios às virtudes.

Ora, já na afirmação da dignidade do outrem, Schopenhauer segue uma trajectória contrária a de Kant, pois, para este último, a dignidade da pessoa se afirma numa simples tomada do outro como igual a si mesmo, portanto, a dignidade do outrem é afirmada a priori na relação com o outrem.

Por outro lado, podemos entender que em Schopenhauer, a dignidade do outrem se afirma ao se perceber que o outro também tem os mesmos sofrimentos que eu tenho. Isto é, a dignidade do outro não é afirmada numa dimensão a priori, no contacto entre as pessoas, mas sim, é a posterior, na medida em que se reconhece a igualdade dos sofrimentos que se tem um do outro. Ou seja, é o reconhecimento das limitações e sofrimentos entre as pessoas que fará com que as pessoas afirmem a dignidade um do outro. Aliás, "sua perspectiva atravessa, então, na mesma medida, o princípio de individuação, o véu de Maia, no sentido em que ele considera o ser alheio como igual ao seu e não o ofende" (SCHOPENHAUER, 2012a, p. 157).

Neste sentido, fica patente a ideia segundo a qual, para Schopenhauer as relações são mais solidificadas pelo reconhecimento da igualdade das vicissitudes entre os homens, e por ser assim, são mais coesas. Tal como acontece na transição de vício a virtude, aqui também acontece, do reconhecimento das vicissitudes à afirmação da dignidade do outrem.

"A verdadeira bondade de ânimo, a virtude desinteressada, a nobilidade pura, não nascem, portanto, do conhecimento abstracto; é-lhes a origem do conhecimento imediato e intuitivo que não se pode adquirir ou suprimir com palavras; que precisamente por não ser abstracto não pode ser ensinado, mas deve sempre revelar-se de per si; e que para exprimir-se de modo adequado recorre não a discursos, mas aos factos, à conduta, a toda a maneira de viver" (SCHOPENHAUER, 2012a, p. 156).

Ora, no debate que podemos estabelecer entre Kant, Schopenhauer e Lévinas, podemos notar que, enquanto para Kant a dignidade da pessoa é afirmada pelo simples facto de ser pessoa, para Schopenhauer, é fruto do reconhecimento da igualdade das vicissitudes, enquanto já em Lévinas, é fruto do reconhecimento, do rosto do outro como reflexo do seu próprio rosto, tal como afirma: "o outro que está diante de mim não está incluído na totalidade do ser expresso. Ele ressurge por detrás de toda reunião do ser, como aquele para quem eu exprimo isto que exprimo. Eu me reencontro diante do outro" (LÉVINAS, 2012, p. 50).

É este o debate que podemos estabelecer entre estes três pensadores, no tocante à dignidade do outrem. Ora, subjaz no pensamento de todos eles, a necessidade da afirmação da dignidade do outrem, pese embora haja a divergência no tocante ao ponto de partida para tal afirmação, fica claro que a dignidade do outrem é uma *conditio sine qua non* não teremos uma sadia convivência entre as pessoas.

2.3. A justiça

No pensamento de Schopenhauer sobre a ética, aborda-se igualmente o tema da justiça. No âmbito do estudo da ética, convém que façamos referência a conceitos como justiça, dado que a ética lida com o agir humano, e a justiça é um modo de agir, tal como o atesta Aristóteles: "o justo é aquele que cumpre e respeita a lei e é probo, e o injusto é o homem sem lei e ímprobo" (ARISTÓTELES, 2010, p. 100).

Neste sentido aristotélico, a justiça é conformada à lei da probidade, todavia, ao reflectirmos sobre a justiça como virtude, Aristóteles mostra que a justiça é uma virtude, e como o diz, é a virtude por excelência. Neste caso, a articulação da justiça, extravasa os campos da legalidade e se estende para o agir humano.

Schopenhauer fala de uma justiça humana e uma justiça eterna. A humana, obviamente é a que se encontra fortemente ligada com a dimensão da praxis humana, caracterizada por paixões desenfreadas, aliás, "a injustiça se revela ainda na servidão, na escravatura forçada e, finalmente, em qualquer ataque à propriedade alheia; este ataque, no quanto a propriedade constitui o fruto do trabalho, é do mesmo género que a injustiça precedente, com a qual tem relação como o facto de simples ferimento se relaciona com o homicídio" (SCHOPENHAUER, 2012a, p. 110).

Esta é a dita justiça humana, que se revela das rivalidades humanas. Os homens, na sua relação de guerra de todos contra todos – de Hobbes, têm se colocado em constantes ataques, daí que a sua justiça faz-se nos termos das manifestações brutais dos homens. Neste caso, poder-se-ia questionar sobre a função da moral. Deste modo, segundo Schopenhauer, "somente a acção é manifestação da vontade e é esta que a Moral toma em consideração. Sofrer a injustiça é um verdadeiro acidente: a Moral só pode ocupar-se dele indirectamente e apenas para demonstrar tudo o que se faz com o fim de não sofrer a injustiça, não constitui acção da injustiça" (SCHOPENHAUER, 2012a, o. 119).

Ora, entende-se no pensamento de Schopenhauer, que a justiça será o respeito pelos limites da vontade de outrem. É que a interferência na vontade do outrem pode levar-nos a cair nas injustiças, dado que a justiça humana é punitiva, ou seja, segue a sequência das conquistas de cada um.

Deste modo, Schopenhauer procura demonstrar a diferença entre a justiça humana e a justiça eterna. A justiça humana é a exercida pelos próprios homens, e tem como seu principal foco a propriedade privada. Repara-se que neste tipo de justiça, busca-se o respeito pela integridade da coisa de cada um, o respeito pelos limites da vontade de cada um. Já a justiça eterna é a justiça que se sobrepõe aos homens.

Explica Schopenhauer que, a justiça eterna não é exercida pelos homens, ela se impõe sobre os homens. Schopenhauer parte da distinção de Estado e Mundo, provindos da ideia de Hobbes e Platão, sendo que para Hobbes, o Estado é a manifestação por completo da força, e o detentor da força é quem tem o poder do Estado; e o Mundo é que é formado numa composição dualista, sendo sensível e supra-sensível. O supra-sensível é que é a cópia do sensível.

Neste sentido, entende Schopenhauer, que a justiça humana é igual a exercida pelos Estados e a justiça eterna, o mundo se encarrega de exercer: "o próprio mundo é a sentença do mundo. Se pusessem numa balança, dum lado todas as misérias do mundo e do outro todas as suas culpas, com certeza o equilíbrio seria perfeito" (SCHOPENHAUER, 2012a, p. 132).

2.4.   A liberdade

Para Schopenhauer, a ideia de uma liberdade absoluta do querer, de um *liberum arbitrium indifferentiae*[2], é simplesmente impensável. Tal dogma fora uma ilusão alimentada pela ética tradicional (aqui bem representada pela filosofia cartesiana), que Schopenhauer pretende refutar lançando mão na teoria kantiana de coexistência da liberdade e da necessidade: a primeira pertencente ao mundo do em si, a segunda relegada ao fenómeno.

Para Schopenhauer, "o conceito liberdade é negativo" (SCHOPENHAUER, 2012b, p. 23). É negativo porque pela sua definição, este conceito de liberdade significa *ausência de qualquer impedimento.*E por conseguinte, dizer *ausência* significa dizer *falta*, ou seja, já é um conceito que nos submete a algo de negativo.É neste sentido que Schopenhauer toma a liberdade como um conceito negativo, e não pelo seu efeito, mas sim pela sua conceptualização que contém um termo indicador da negatividade, designadamente 'ausência'. Assim, de acordo

---

[2] Do Latim *livre arbítrio indiferente*

com Salviano, Schopenhauer se debruçar sobre a liberdade e aponta três tipos de liberdade, nomeadamente: liberdade física, liberdade intelectual e liberdade moral.

"A expressão 'eu posso fazer o que eu quero' não afirma nada além da ligação necessária entre a volição e as acções corporais. A relação desta volição com os motivos é algo completamente diferente e é nela que deve ser investigada, diz o filósofo, a questão da liberdade. A mera ausência de obstáculos (potência de agir, liberdade física), não pode ser entendida como ausência de motivos, estes relacionados à potência do querer (liberdade moral)" (SALVIANO, 2006, p. 17).

É preciso portanto, apresentar uma relação entre estes três tipos de liberdades estabelecidas por Schopenhauer, nomeadamente: física, intelectual e moral.

2.4.1. Liberdade física

O primeiro tipo de liberdade apresentado por Schopenhauer é a liberdade física, definida como "ausência de qualquer obstáculo de natureza material" (SCHOPENHAUER, 2012b, p. 23). Neste tipo de liberdade, explica o autor, encontramos o conceito negativo na medida em que a liberdade significa ausência de qualquer obstáculo de origem material. É neste sentido que se pode dizer o *livre curso da água* – por exemplo, quando se trata do curso das águas de um rio, que não se defrontam com obstáculo algum. Ou ainda, este sentido de liberdade pode ser relacionado – salienta o autor – a um povo que se julgue livre quando não é governado.

Esta liberdade do povo sem governo pode ser comparada na linguagem hobbesiana, com aquela vigente no Estado Natural, onde há uma liberdade autêntica, os homens circulam livremente, podendo encontrar algum impedimento no acto do contrato social. Assim, o Estado é articulado como impedimento para o exercício autêntico da liberdade.

Neste sentido, o conceito de liberdade é extremamente ligado a objectos materiais, que possam servir de um impedimento que dificulta o exercício de tal liberdade.

Livre neste sentido, é o indicador de todo o ser que se move pela sua vontade. Ou seja, ao se reparar o curso da água, entende-se que não há nenhum impedimento que ponha em causa o curso da água, ou ainda no caso do povo sem governo, não existe impedimento algum que possa pôr em causa a vontade do povo em fazer o que seja do seu agrado, pois, não existe governo algum que seja o impedimento da realização das suas vontades.

No caso do último exemplo, podemos entender que a instauração do governo é obstáculo para o exercício da liberdade do povo, pois a instauração do governo implica a existência de normas que regulem a vida do povo colocando, deste modo, algumas limitações no exercício da liberdade total dos homens.

Neste sentido, poderíamos questionar sobre a real existência deste tipo de liberdade e a sua articulação, se realmente é a melhor ou não para a vida dos seres humanos. Porém, para responder a estas questões, teríamos que relacionar este tipo de liberdade com as outras, donde poderemos tirar conclusões mais contundentes.

Todavia, é importante salientar que este tipo de liberdade é o primeiro a apresentarmos, pois, facilita a compreensão dos outros dois tipos subsequentes, na medida em que a sua articulação exige uma transposição à dimensão intelectual e moral.

2.4.2. Liberdade intelectual

O segundo tipo de liberdade apresentado por Schopenhauer é a liberdade intelectual, aquela que Aristóteles entende significar com as palavras: o voluntário e o involuntário reflexos. "É considerada aqui somente para apresentar a lista completa das subdivisões da ideia de liberdade, atribuindo-lhe o segundo lugar, porquanto essa, dada a sua natureza, está mais próxima da liberdade física do que da liberdade moral" (SCHOPENHAUER, 2012b, p. 25).

Para Schopenhauer, a liberdade intelectual é mais próxima da liberdade física, é apresentada para completar a lista dos três tipos de liberdade. É mais próxima da física pela sua natureza, não tanto ligada à evolução da consciência mas sim, ligada ao homem desde a sua origem, e não é tanto desenvolvida em vista a valores morais.

Este tipo de liberdade, torna-se mais próxima da física na medida em que não se distancia tanto do aspecto material, é intelectual pois é a relação entre o material e o cognoscível e não se relaciona de forma relevante com os valores morais. A liberdade intelectual, lida na sua especialidade com a relação entre impedimentos de origem material e o intelecto humano, não questionando sobre o juízo e valor moral que se pode estabelecer no decurso da realidade.

2.4.3. Liberdade moral

O terceiro tipo de liberdade é a liberdade moral. Esta, pelo próprio nome submete-nos a entender que se trata de uma liberdade mais ligada à consciência e a valores morais. Ou ainda, entendida como ligada à questão do livre arbítrio. A liberdade moral é muito mais rigorosa, e mais extensiva do ponto de vista de articulação.

Tal como dissemos nas linhas anteriores, a liberdade física é relacionada à ausência de qualquer obstáculo de natureza material, e a liberdade intelectual é muito ligada à dimensão natural do homem, que nasce com esta liberdade. Portanto, é inata ao homem.

Desta forma, tem sentido a reflexão sobre a liberdade moral como sendo o tipo de liberdade que vai facultar o estudo sobre o livre arbítrio, ou ainda, o encontro entre a liberdade física e a liberdade intelectual, pois, vai-se acima de tudo analisar a acção da consciência sobre a ausência de qualquer impedimento material para permitir a realização da sua vontade.

Trata-se neste caso de uma vontade livre que, como diz Schopenhauer, a liberdade em si é livre. "O conceito empírico de liberdade autoriza-nos a dizer: eu sou livre, desde que posso fazer aquilo que quero" (SCHOPENAHUER, 2012b, p. 27).

Com estas palavras, o facto de fazer o que se quer, pressupõe já a existência da liberdade moral. A liberdade moral traz consigo a questão do libre arbítrio. Daí que deve ser entendida no encontro entre a liberdade como ausência de qualquer obstáculo de natureza material e a questão da liberdade numa dimensão intelectual.

Aqui gera-se a liberdade moral. O querer é algo que leva a relacionar a realidade com a necessidade. Daí que a liberdade moral vai, acima de tudo, além de se guiar com a ausência de qualquer obstáculo, relaciona a necessidade e a conveniência para legitimar tal agir. Assim, na liberdade moral não se age simplesmente pela vontade livre, mas sim, pela necessidade de agir de tal forma que, no entender de Schopenhauer, deve ser um agir que se guie pelo princípio da razão suficiente.

E a razão suficiente supõe a existência de uma racionalidade na acção. Logo, entende-se que a liberdade moral também é racional, ou seja, é a conciliação da razão com a realidade.

Deste modo, "seria necessário e imprescindível que a liberdade fosse independência absoluta em relação a cada causa, isto é, a contingência e o caso absoluto. [...] Seja como for, o vocábulo *livre* significa o que não é necessário sob relação alguma, o que independe de toda razão suficiente" (SCHOPENHAUER, 2012b, p. 29).

Portanto, observa-se nas acções humanas a lei da motivação segundo a qual toda acção é realizada mediante uma motivação. Assim, podemos já pensar numa liberdade relativa, onde:

[...] esta liberdade relativa, na realidade, não é outra coisa que a liberdade da vontade, como o entendem as pessoas instruídas mas pouco habituadas a pensar com profundidade: elas reconhecem com razão nesta faculdade um privilégio exclusivo do homem sobre os animais. Mas esta liberdade é apenas relativa, porque ela nos subtrai à pressão dos objectos presentes, e comparativa, o que nos torna superiores aos animais. Ela modifica apenas a maneira como exerce a motivação, mas a necessidade da acção não é suspendida de forma alguma, nem mesmo diminuída. (SCHOPENAHUER, *apud* SALVIANO, 2006, p. 18).

Assim, a ideia da liberdade fica transmitida nesta articulação, de física, intelectual e moral, que até certo ponto termina apresentando-se a ideia da liberdade relativa.

Assim, voltando a fazer uma análise dos três tipos de liberdade já apresentados, podemos notar que na liberdade física e intelectual temos uma simples relação entre o impedimento de origem material e o intelecto, colocando de fora a questão dos valores morais.

Porém, partindo do exemplo exposto nas linhas anteriores sobre a relação Estados e não Estados, pode-se notar que as leis existentes nos Estados, são observadas na medida em que há uma consciência e se dá o seu devido valor, e não num sentido de o seu não cumprimento pudesse ser passível de punição. Ou por outra, mesmo em questões legislativas, a observância da lei tem uma origem na liberdade moral, e é um acto moral observá-las.

Em outros termos isto equivale a dizer que, a liberdade é algo racional, ou seja, a manifestação plena da racionalidade é a liberdade com a qual o homem tem a possibilidade de fazer escolhas que se adequem à sua vida, pois, somente os homens livres é que são capazes de desenvolver as suas actividades racionalmente. O cumprimento da lei, é por conseguinte um acto da liberdade do homem, este que é consciente de viver na relação com os outros e na necessidade de abrir espaço para o exercício da liberdade do outrem.

2.5.   Liberdade e consciência

Depois de termos apresentado a ideia da liberdade, sob três pontos de análise, seguimos à questão do encontro entre a liberdade e a consciência. Na verdade, trata-se de esmiuçar mais a questão da liberdade moral, pois, aqui também tratar-se-á do encontro entre a realidade da ausência de qualquer que seja o obstáculo material, com a questão da consciência.

Por definição, consciência é a "percepção imediata mais ou menos clara, pelo sujeito, daquilo que se passa nele mesmo ou fora dele. A consciência espontânea é a impressão primeira que o sujeito tem de seus estados psíquicos" (MARCONDES, JAPIASSÚ, 2001, p. 41).

Nesta questão, Schopenhauer traz um exemplo imaginário, onde ilustra a sua refutação de livre arbítrio. Evoca Schopenhauer a imaginar num cidadão qualquer que andando pelas ruas, após uma jornada de trabalho, detém-se e põe-se a reflectir sobre a sua pretensa absoluta de liberdade, que o possibilitaria diante de uma série de aspectos – como por exemplo ir ao teatro, cinema, tomar um café, etc. – e tendo esta série toda de acções que lhe são livres de fazer, preferir retornar a sua família para ficar junto a ela.

Neste exemplo, Schopenhauer expõe de forma simples a ideia do encontro entre a liberdade e a consciência. Tal como referimos nas linhas anteriores, pode-se notar que a liberdade ou a vontade manifesta-se nesta dimensão de ausência de qualquer impedimento, enquanto física, mas também, no encontro entre a realidade com a razão. Assim, entende-se que há um espaço para o encontro entre a vontade e a consciência, e isto é tangível quando vê-se o homem defronte a uma possibilidade de optar por um caminho em detrimento do outro, tal como atesta o exemplo supracitado.

Ora, "a volição, que em si mesma é somente objecto da consciência, produz-se sob a influência de algum móvel pertencente ao domínio do conhecimento do não eu, sendo consequentemente um objecto da percepção exterior" (SCHOPENHAUER, 2012b, p. 35).

A manifestação plena da consciência é feita quando o homem encontra-se defronte a duas oportunidades, ambas aparentemente boas e, sem que haja impedimento algum, e possa optar pela via mais correcta.

A consciência é por assim dizer, moral, pois, lida com questões de liberdade ou vontade e opção por uma acção em detrimento da outra. É que enquanto estiver neste cômputo, a consciência vai tomar uma característica meramente ética e que na praxis vai se manifestar na vida do homem.

E como diz Leibnitz citado por Schopenhauer, "todas as acções são determinadas e jamais indiferentes, porque há sempre alguma razão persuasiva, mas não todavia necessitante, de modo a obrigá-las a ser tais em vez de tais outras" (LEIBNITZ, apud SCHOPENHAUER, 2012b, p. 37). Assim, a consciência enquadra-se no âmbito da razão suficiente de todas acções humanas. Daí que podemos reflectir sobre a tipificação da consciência, e podemos notar a existência e razão de ser da dita consciência imediata, esta que é também espontânea, quando encarrada com uma situação que pede acção do sujeito.

O 'eu posso fazer o que quero quando poder', já é um pressuposto da consciência, todavia, uma questão fundamental sobrepõe-se a isto, que é a questão da conveniência. E o convier, poderá ser do domínio da consciência, na medida em que a liberdade existente poderá ser questionada em conformidade com as condições existentes pela consciência.

Assim, diz Schopenhauer, "a consciência proclama a liberdade dos actos com o pressuposto da liberdade das volições, mas é dessa mesma liberdade das volições que duvidamos" (SCHOPENHAUER, 2012b, p. 38).

A dúvida pela liberdade das volições reside fundamentalmente aqui no facto de fazer o que quiser. É que o fazer o que quiser não é um simples acto de fazer porque se está livre – na medida em que não se encontra impedimento algum – mas sim, deve ser acima de tudo pela possibilidade que se tem de poder agir de tal maneira.

Assim, a noção do encontro entre liberdade e consciência em Schopenhauer, far-se-á neste sentido de reconhecimento do agir sob tal maneira, ou optar por uma acção em detrimento da outra quando se estiver num tal estado. Assim, a consciência sobrepõe-se à liberdade, podendo na hora da acção chamar atenção aos actos humanos.

A vontade depende totalmente do sujeito, assim, ao observar atentamente na questão do fazer o que quiser, vemos que não há acção alguma de um sujeito exterior, mas sim, há uma total acção do próprio sujeito da acção. Assim, temos também a acção da consciência individual que independe da acção exterior.

2.6. Bondade e maldade

Depois de termos apresentado a ideia de justiça, seguida pela liberdade, que é articulada numa visão tridimensional, e tendo dado a sua relação com a consciência; por tratar-se de uma reflexão em torno da ideia da vontade, torna-se pertinente fazer referência à questão da bondade e maldade, que constitui também ponto peculiar para a fundamentação da ideia da vontade. Aliás, falar da bondade e maldade, além de completar as reflexões anteriores, abre portas para a compreensão da ideia do sofrimento, sobre a qual levaremos a cabo a reflexão no segundo capítulo.

A bondade e a maldade são conceitos que são reflectidos na dimensão ética, ou seja, do agir humano. Estas reflexões são feitas no âmbito das questões na perspectiva de Schopenhauer, quando trata da sua metafísica ligada à dimensão axiológica. Aliás, bondade e maldade são conceitos fortemente discutidos nos tempos hodiernos, daí que encontram sua razão de ser na discussão em causa.

Ora, ao analisarmos a ideia da vontade, notamos que o pensamento humano satisfaz a vontade em qualquer das suas manifestações. A bondade subjaz em todas acções e opções humanas, tal é o exemplo de: bom caminho, bom tempo, boas armas, bom augúrio, etc., portanto, toma designação de bom tudo aquilo que é desejado no momento, e que a sua bondade pode ser relativa, na medida em que pode ser bom para uns e não para outros.

Ora, de acordo com Schopenhauer, "a noção bom divide-se em duas subespécies. Uma que se refere à satisfação da vontade actual e outra que lhe compreende a satisfação mediata, colocada no futuro; dito em outras palavras, a primeira concerne ao deleitável, a segunda ao útil" (SCHOPENHAUER, 2012a, p. 143/4).

Esta noção do bom leva a uma reflexão da validade do bom na medida em que pode ser de validade temporária e futura e isto, mostra mais uma vez a relatividade do bem, por um lado. Por outro lado, esta questão pode ser equiparada à questão da vontade, na medida em que a bondade reside na conformidade com a vontade.

Senão vejamos, "a noção oposta, até que se trata de seres não cognoscentes, é expressa pelo termo *mau*. Indicam, portanto, tudo aquilo que não combina com a tendência actual da vontade" (SCHOPENHAUER, 2012a, p. 144). Isto mostra que a bondade e maldade se fazem em conformidade com a vontade.

Esta vontade é como nos referimos nas linhas anteriores, aquela que se liga com a consciência, porque se a bondade não é independente da vontade e se a vontade for desenfreada, ou seja, viciada, a bondade fica sem algum aspecto legitimável, porém, enquanto a vontade for aquela consciente, tal como foi referenciada no discurso sobre a liberdade e consciência, torna-se legítimo identificar a bondade à vontade.

Mas o problema que se coloca à vontade quando relacionada à bondade é que "não existe para a vontade uma realização durável e para sempre satisfatória da sua aspiração" (SCHOPENHAUER, 2012a, p. 145).

Assim, podemos entender que a bondade associada à vontade é deveras momentânea e nunca absoluta, mas apenas provisória. Por isso que se deve sempre entender esta questão da bondade relacionada à consciência, pois, se terminada na questão da vontade, será simplesmente uma bondade de curta duração.

Esta questão de bondade e maldade é de tamanha importância pois, o ponto de análise que vem à tona, é sobre os males universais que assolam a humanidade, se serão também causados por alguma vontade, ou ainda se a justiça seria ligada à maldade.

Nesta reflexão, Schopenhauer mostra que o tema da justiça não é ligado à maldade, mas sim, a uma questão de tratamento da realidade que faz com que haja uma conformidade com a legalidade, por isso que afirma o autor que a justiça se enquadra mais no campo do Direito.

Ora, quanto aos males universais como por exemplo o egoísmo, a ganância, entre muitos outros, podemos notar que não são tanto obras da vontade individual, mas sim, são na maioria das vezes fruto da ganância que o mundo cria para consigo mesmo, e isto acaba gerando males universais que a sua superação é difícil.

Nisto, só podemos entender ao ler a obra de Schopenhauer tendo em conta a influência de Hobbes, este que defende a maldade e a crueldade do homem como sendo da sua própria natureza.

2.7.   Actos da vontade

Depois de termos apresentado o discurso sobre a vontade perante a consciência, e dos actos da vontade, é importante fazer menção ao discurso sobre os actos da vontade.

Na verdade, Schopenhauer ao falar dos actos da vontade, traz à tona o discurso sobre a liberdade e sua tipificação, que são, a seu entender, uma expressão viva da necessidade dos actos da vontade.

Ao falarmos da liberdade, fizemos referência ao agir de tal modo que não fosse contrário à vontade humana. A vontade ao se encontrar com a consciência ganha um outro rumo ou sentido, pois, não será uma simples vontade de fazer o que se quiser, mas sim, uma vontade que será conduzida por meio de uma racionalidade a agir de tal modo.

Para Schopenhauer "a mesma vontade livre que se mostra na pessoa e em toda a conduta humana, a que se refere com uma noção à sua definição, assim, cada acção isolada deve ser também atribuída à vontade livre, e assim, sempre como livre, a vontade se apresenta à consciência" (SCHOPENHAUER, 2012a, p. 48).

Deste modo, entendemos que a vontade é sempre livre e actua no homem de tal forma que a acção humana deve ser sempre guiada pela sua vontade.

Relega Schopenhauer o facto de o homem ser o único ser que se guia pela sua vontade. A vontade, segundo Schopenhauer, é simplesmente dotada ao homem, de tal forma que o homem tem esta necessidade de agir sob impulsos da vontade, porém, o agir sob impulsos da vontade, pode levar o homem a uma outra realidade, que é o sofrimento – esta discussão será desencadeada no capítulo segundo.

Para a compreensão deste tema da vontade e a necessidade dos actos da vontade, Schopenhauer recomenda a leitura da sua obra *Os dois problemas fundamentais da moral*, na qual, debate-se com os fundamentos da moralidade da acção humana. A consciência e a vontade são os dois principais factores que criam um debate cada vez mais aceso no tema sobre os fundamentos da moral, pois, tem-se a moral como a reflexão sobre o agir humano.

SEGUNDO CAPÍTULO: SOBRE A IDEIA DE SOFRIMENTO E A LIBERTAÇÃO

O segundo capítulo é reservado à fundamentação da ideia de sofrimento e sua libertação. No primeiro capítulo apresentamos a ideia da vontade, que se entende como originária no homem, e por si mesma que é livre e inconsciente.

Neste capítulo, vamos apresentar a ideia de sofrimento, que acreditamos que seja fruto da vontade humana, que poderá conhecer momentos de consternação e que precise da libertação. A arte é apresentada por Schopenhauer como uma forma de libertação.

Nas primeiras páginas deste capítulo, apresentaremos a ideia de vida e morte, seguida da noção da negação do querer viver, onde poderemos fazer menção à questão da angústia. O tema da libertação virá fazer ligação em resposta ao do sofrimento.

Para Schopenhauer, o corpo surge como um acto da vontade objectivado, encontrado e visto na Representação. Assim, por trás de todo fenómeno encontra-se a vontade, responsável pela essência íntima de tudo que é representado. A vontade é, portanto, o conhecimento a priori de tudo que existe no mundo fenomenal.

Para Abbagnano, "aquilo que a vontade adquire em clareza, perde-o em segurança: a razão está sujeita ao erro e, como guia da vida, frequentemente falha no seu objectivo. Mas isso não impede que esteja ao serviço da vontade e seja sua escrava" (ABBAGNANO, 1991, p. 144).

Ao se objectivar a vontade una, cega e indivisível, o faz tornando-se ideia, que, de acordo com o grau de objectivação, propõe uma hierarquia. O estado da arte apresenta-se como condição para o conhecimento da ideia que, para Schopenhauer corresponde à contemplação pura, o êxtase da intuição, a fusão entre sujeito e objecto, o esquecimento de toda a individualidade e supressão do conhecimento, que obedece ao princípio da razão.

De acordo com Jean Lefranc "toda antropologia de Schopenhauer gravita em torno de uma negação do tradicional dualismo, o do corpo e do espírito, e da afirmação de um novo dualismo, o do intelecto e do querer" (LEFRANC, 2011, p.: 129).

É que Schopenhauer procurou romper com as anteriores filosofias, a de Platão que defendia um dualismo entre o corpo e espírito, por exemplo. O problema de Schopenhauer é afirmar um novo dualismo, do intelecto e do querer. Aqui entende-se a questão da negação do querer viver ou mesmo da vontade que se entende como geradora do sofrimento.

Como afirmamos no primeiro capítulo, a vontade em si é inconsciente, e quando Schopenhauer afirma o dualismo entre o intelecto e o querer, procura mostrar claramente que a racionalização da vontade pode evitar o sofrimento.

Ao aproximar-se de Platão e Kant, Schopenhauer pretende alcançar o objectivo fundante de sua metafísica do belo que se constitui em tornar cognoscível a coisa-em-si de Kant. Quer tornar claro que se faz possível, via modo de conhecimento estético, o conhecimento transcendental da coisa-em-si, que se dá como ideia platónica.

Schopenhauer procura mostrar que a vontade é a coisa-em-si (Kant), e, por Ideia (Platão), devemos conceber a objectividade imediata da vontade. Nesse contexto, o estado da arte apresenta-se como condição para o conhecimento da ideia. Tal estado consiste, portanto, na contemplação pura, no êxtase da intuição, na confusão do sujeito e do objecto, no esquecimento de toda a individualidade. É a supressão do conhecimento que obedece ao princípio da razão e que concebe apenas relações; é o momento em que uma só e idêntica transformação faz da coisa particular contemplada a ideia da espécie.

1. Vida e morte

A metafísica schopenhaueriana vai confrotar-se igualmente com o problema da vida e morte, que na verdade o autor o vê na questão da imortalidade da espécie e mortalidade do indivíduo. Ou seja, Schopenhauer apresenta uma diferença entre a imortalidade da espécie e mortalidade do indivíduo. É que do ponto de vista da espécie, entende-se que o nascimento é um acontecimento que equivale à morte.

Como o diz Lefranc citando Schopenhauer, "nada do que morre, morre para sempre, mas nada do que nasce recebe tampouco uma existência nova" (SCHOPENHAUER, apud LEFRANC, 2011, p. 137). Nisto entende-se claramente a crença na imortalidade.

Neste sentido, ao entrarmos na metafísica do "pessimista incurável" – como chama Ribot (1945) a Schopenhauer, devemos levar em consideração o seu posicionamento no tocante à mortalidade do indivíduo e imortalidade da espécie.

Ora, "nascer e morrer são coisas que pertencem ao fenómeno da vontade, e aparecem nas criaturas individuais, manifestando fugitivamente e no tempo, aquilo que em si não conhece tempo e deve exactamente manifestar-se sob esta forma com o fim de poder objectivar a sua verdadeira natureza" (SCHOPENAHUER, 2012a, p. 32). Assim, é lícito afirmar que o nascimento e a morte identificam-se mutuamente num equilíbrio total do mesmo fenómeno.

O problema central de Schopenhauer ao discutir a questão de vida e morte não é apenas legitimar a dimensão dolorosa da vida, mas também, mostrar a questão da imortalidade da espécie. A diferença entre espécie e indivíduo, reside no facto da espécie constituir a generalidade e o indivíduo uma parte, ou ainda, no facto da espécie ser imortal dada a sua grandeza e identidade com os fenómenos da vontade e o indivíduo pertencer à espécie.

De acordo com Abbagnano, "é óbvio que um certo número de indivíduos deve no entanto salvar-se, caso a espécie deva ser conservada; e a salvação de tais indivíduos deve, por conseguinte, fazer parte no finalismo geral" (ABBAGNANO, 1991, p. 148).

Deste modo, entendemos que a conservação de indivíduos permite a conservação e perpetuamento da espécie, pois, se os indivíduos todos desaparecem, também desaparece a espécie.

E como diz Spinoza sentimos e experimentamos que somos eternos. O alcance do ser eterno, como afirma Lefranc: "não podemos nos crer imperecíveis sem nos crermos igualmente sem começo. Não posso querer prolongar indefinidamente uma consciência individual que não começa mesmo com meu nascimento" (LEFRANC, 2011, p. 142).

"Um facto que além disso prova muito bem que nascimento e morte são condições inerentes à vida e essenciais para esse fenómeno da vontade, é que se apresentam ambos simplesmente como a expressão mais decidida do que constitui também todo o resto da vida" (SCHOPENHAUER, 2012a, p. 34).

Partindo da doutrina de Platão da imortalidade da alma, Schopenhauer legitima a imortalidade da espécie. A espécie é no entender deste autor a parte de indivíduos que sempre permanece para permitir a sua conservação; ou seja, a espécie corresponde ao todo dos indivíduos, por isso que se vai perpetuar em todas as gerações, ao passo que os indivíduos que são membros da espécie vão se mudando mutuamente através da morte.

Schopenhauer igualmente legitima a necessidade da morte, justamente porque a morte é necessária para permitir a renovação geracional e conservação da espécie. Numa das literaturas, Schopenhauer evoca uma reflexão nestes termos: imaginemos que o género humano não conhece a morte! Então não haveria espaço para os outros viverem!

Na filosofia schopenhaueriana nota-se nitidamente este pessimismo, até porque para Marcondes "o pessimista de Schopenhauer é caracterizado exactamente por essa acepção negativa do indivíduo e das limitações da sua experiência" (MARCONDES, 2010, p. 246).

Para Schopenhauer a morte é como um sono, onde o adormecido não desperta. E a vida é assegurada à vontade e esta ao presente. Assim, "a forma da vida ou da realidade, é o presente, e não o futuro, nem o passado; estes não existem senão na abstracção por meio da concatenação do conhecimento submisso ao princípio da razão" (SCHOPENHAUER, 2012a, p. 35).

A vida em Schopenhauer é identificada com o presente, e o presente somente ele permanece imóvel. Alega este autor que ninguém jamais viverá o futuro. É que na verdade a pessoa sempre vive o presente e nunca vive o futuro. O que acontece por conseguinte é que, o passado é sempre irrecuperável, uma vez que se tenha feito, jamais se repetirá o mesmo, senão o idêntico, e o presente constantemente se torna passado e ao final das contas nota-se que o passado torna-se uma pura abstracção da mente.

"Eu sou possuidor do presente; ele me acompanhará como sombra para toda a eternidade; por conseguinte é inútil que procure de onde vem o presente e como acontece que existe precisamente neste instante" (SCHOPENHAUER, 2012a, p. 37).

Ora, o futuro, nunca se alcança e nunca se vive. O homem, na mesma sempre almeja algo pela frente e nunca poderá conhecer um momento único da sua vivência. Assim, o presente torna-se o único momento visível e vivencial, e por conseguinte, o momento da vida. A vida realiza-se apenas no presente. Daí que Schopenhauer toma o passado e o futuro como inexistentes, e o presente como o único momento presente.

1.1.   O suicídio

Uma das principais características da filosofia schopenhaueriana é o pessimismo que dá ênfase à questão de sofrimento e dor. No entender de Schopenhauer, a vida é como um andar, pois, do mesmo modo que este é uma queda adiada a cada passo, aquela é uma morte adiada constantemente, a cada aspiração, a cada alimentação. Aliás, assim se expressa o autor: "por que há-de orgulhar-se o homem? Sua concepção é uma culpa, o nascimento, um castigo; a vida, uma labuta; a morte uma necessidade" (SCHOPENHAUER, 1980, p. 189).

Neste sentido, entende-se que o pessimismo de Schopenhauer é cada vez mais radical e ligado à questão da necessidade da morte. A vida em Schopenhauer, é um momento de dor e sofrimento.

Ora, "a morte e a dor são, portanto, aos nossos olhos, dois males distintos: o que tememos na morte é efectivamente a destruição do indivíduo porque estamos sob essa forma em que ela se nos apresenta abertamente; e como o indivíduo é a vontade de querer viver em qualquer objectivação, todo o seu ser rebela contra a morte" (SCHOPENHAUER, 2012a, p. 41).

A vontade de viver impera no indivíduo. Todavia, a questão que vem é: se a vontade de viver impera no homem, e a vida é feita por meio de sofrimento, que pode o homem fazer para libertar-se do sofrimento? Talvez que se reveja a questão da necessidade da morte como sendo um ponto estratégico que possa ajudar o homem a libertar-se. Assim, poderia pensar-se no suicídio como uma forma de libertação da dolorosa vida.

Mas a questão é que a vida e a morte são tidas como próprias da vontade e não são regidas pelo próprio homem. A vontade enquanto essência metafísica de todos os seres, em sua infinita fome, impulsiona o homem à busca desenfreada e ininterrupta pela satisfação (sempre impedida por incontornáveis obstáculos), pois, a carência e o sofrimento são a consequência inevitável.

Como afirma Salviano, "no mundo fenomênico vemos aumentar a presença da dor e do infortúnio à medida que ascendemos na escala dos seres, do inorgânico ao indivíduo do génio, pois quanto mais complexo o organismo, maior a sua sensibilidade e propensão ao sofrimento" (SALVIANO, 2006, p. 51).

Assim, no tocante ao suicídio Schopenhauer alega que:

A relação entre o suicídio e a negação da vontade é a mesma que subsiste entre a coisa particular e a ideia. O suicida nega o indivíduo e não a espécie. Repito que, estando a vontade de viver assegurada *inaeternum*[3], e sendo a dor a essência da vida, suicidar-se é um acto inútil e insensato; destrói arbitrariamente o fenómeno individual, enquanto a coisa em si permanece intacta. (SCHOPENHAUER, 2012a, p. 193).

É neste sentido que o suicídio não é solução para o sofrimento. Apesar da morte ser necessária, como próprio Schopenhauer afirmou, é preciso deixar que ela aconteça naturalmente. Assim, ninguém fica autorizado a dar fim à sua própria vida.

É assim que Schopenhauer legitima a dor na vida. Sendo a vida e a morte, ou seja, o nascimento e a morte dois momentos chave da vida do homem, pois aqui começa a vida e termina. O indivíduo enquanto parte ínfima da espécie, sua importância é menor, por isso que morte do indivíduo não causa grandes danos na espécie. A morte, nesta linha de pensamento não significa o fim da existência, daí que é necessária, mas enquanto extinção de um indivíduo. Portanto, uma morte que é apenas para os indivíduos e não para a espécie, a espécie sempre permanece para a sua preservação e os indivíduos vão morrendo.

2.   A negação do querer viver

Depois de apresentarmos a ideia de vida e morte e do suicídio, que dão ênfase à ideia do sofrimento, seguimos à apresentação da negação do querer viver.

A vida tal como Schopenhauer a apresenta em sua filosofia, é cumulada de momentos de sofrimento e dor, e a vontade é tida como a que comanda a existência humana, ou seja, a vida e morte são próprias da vontade e ao homem basta apenas vivenciar o momento, e este momento resume-se no presente, única forma do tempo possível na prática, em oposição ao passado e futuro que são puras abstracções mentais.

Assim, Schopenhauer entende que o sofrimento faz parte da vida dos homens, daí que, em qualquer parte para onde se lance o olhar, pode-se notar que os homens sofrem, os animais sofrem, o mundo desvanece. Esta herança claramente Schopenahuer a toma a partir de Platão, que prega a doutrina da dualidade cosmológica.

É que enquanto o mundo sensível for este espelho de um mundo supra-sensível, até os sofrimentos do homem encontram-se já plasmados no mundo ideal. O egoísmo do homem, as suas paixões desenfreadas, os seus vícios, etc., são também legitimadas pelo sofrimento do

---

[3]Quer dizer de uma forma inata

mundo e não derivam tanto da sua iniciativa, pese embora se saliente a maldade do homem, este que na designação schopenhaueriana é o mais perverso de todos os animais.

Os sofrimentos da vida podem chegar a ponto de levar o homem a uma rejeição da própria vida e desejo da morte, o que Schopenhauer chama de *negação do querer viver*. "O homem chega, então, a um estado de renúncia voluntária, de resignação, de quietude perfeita, de abandono absoluto de qualquer querer" (SCHOPENHAUER, 2012a, p. 167).

Esta negação do querer viver, é resultado das atrocidades da vida que assolam o homem. Numa expressão muito fácil, Schopenhauer apresenta uma descrição da vida como comparada a um caminho circular, coberto, salvo poucos espaços livres, de chamas ardentes, caminho este que o homem deve percorrer sem trégua.

É assim que este autor vai entender a vida, como se fosse um momento e lugar de sofrimento apenas, e aprouve ao homem poder passar por estes sofrimentos. Isto é o que pode levar o homem a optar pela negação do querer viver. E uma das formas da negação do querer viver é o suicídio, que nas linhas anteriores explicamos claramente não ser a forma que Schopenhauer julga ser a melhor para levar em frente os desafios da vida.

A necessidade dos fenómenos da natureza não deve, pois, ser empecilho para que se reconheça neles a manifestação da vontade que, em si mesma sem fundamento, só pode ser objectivada através da subordinação ao princípio de razão, isto é, à necessidade. Assim sendo, tanto as funções vitais do organismo animal como sua locomoção por motivos, assim como todos os movimentos das plantas provocados por excitação e também as forças que fazem efeito na natureza segundo leis universais e imutáveis, devem ser consideradas em sua essência como vontade e reconhecidas como aquilo que justamente constitui a base do nosso próprio fenómeno que se exprime no agir humano e em toda a existência do nosso corpo.

2.1. Vida ascética

No mundo fenomênico vê-se aumentar a presença da dor e do infortúnio à medida que se ascende na escala do seres, do inorgânico ao indivíduo do génio, pois, quanto mais complexo o organismo maior, a sua sensibilidade e propensão ao sofrimento. A ascese é por assim dizer uma forma de libertação. "Através dela, a vontade muda de direcção, não se dirige já à sua própria existência reflectindo-se no fenómeno; pelo contrário, renega-a" (ABBAGNANO, 1991, p. 150).

O sofrimento neste sentido, acaba sendo equivalente à dimensão do organismo humano. É assim que se chega ao ascetismo como remédio radical e único para a doença enquanto todos os outros bens são puros paliativos e simples acalmantes. Salienta-se que não se trata pois de forma alguma da afirmação consciente da vontade: pois esta foi completamente negada, ou ao se aplicar uma terminologia muito frequente na filosofia schopenhaueriana – o véu de Maya inteiramente rasgado. O *véu de Maya*[4] não é mais movido por *motivos*, quais eles forem.

"Percebe o conjunto das coisas, conhece-lhes a essência, e vê que ela consiste num escoamento perpétuo, num esforço estéril, numa contradição íntima e num sofrimento contínuo; e ele vê que é a isso que estão votados, a miséria humana e a miséria animal e, enfim, um universo que se dissipa sem sessar [...] Então a vontade desliga-se da vida: ela vê nos prazeres uma afirmação da vida, e tem horror deles. O homem chega ao estado de abnegação voluntária, de resignação, de calma verdadeira e de ausência absoluta de querer. Eles amam os seus sofrimentos e a sua morte, visto que entram na negação do querer viver, muitas vezes recusam mesmo a salvação que se lhes oferecem e morrem voluntariamente, com tranquilidade e felicidade" (SCHOPENHAUER, apud SALVIANO, 2006, p. 51).

Salviano salienta que Schopenhauer apresenta quatro etapas do desenvolvimento do processo de ascetismo, nomeadamente: castidade, pobreza voluntária, aceitação do sofrimento causal ou provocado por outra pessoa, e mortificação do corpo que não pode ser activa, violenta, como no suicídio vulgar, mas deve ser passiva, uma espécie de inanição. Assim,

"o homem chegado a este ponto prova ainda, como corpo animado, como fenómeno concreto da vontade, toda espécie de disposição ao querer, sufoca-o, contudo, com a intenção, esforçando-se por nada fazer do que desejaria e por fazer ao contrário tudo quanto não lhe agradaria, mesmo quando não tivesse outro feito senão mortificar precisamente a vontade" (SCHOPENHAUER, 2012a, p. 170).

É assim que Schopenhauer propõe que se leve a vida, quando defrontada com o sofrimento. Talvez isto se tenha reflectido na sua vida, quando em 1833 abandona a Universidade de Berlim para isolar-se em Frankfurt, cidade onde veio a morrer no ano de 1860.

---

[4] É um termo filosófico que tem vários sigificados: em geral, refere-se ao conceito de ilusão que constituiria a natureza do universo. Maya deriva da contração de *ma*, que significa 'medir, marcar, formar, construir', denotando o poder deus demônio de criar ilusão, e *ya*, que significa 'aquilo'. O conceito foi apresentado pelo filósofo Adi Shankara no século XIX e foi absorvido pelas religiões e filosofias do oriente. Assim, é de referir que abundam em Schopenhauer as fórmulas extraídas do hinduísmo, segundo ele a religião que podia representar melhor a sua filosofia, e que o faz ganhar o título de *budista extraviado no Ocidente*.

Aliás, na biografia de Schopenhauer salienta-se que o isolamento e a vida ascética tenham sido a principal influência que fizeram com que este autor transmitisse também nos seus escritos a sua vida amarga.

3.   A angústia

A vida do homem é caracterizada pelo sofrimento. Assim, a ideia do sofrimento e dor pode ser conduzida à ideia da angústia. Ao pretendermos falar da angústia, podemos recorrer a Kierkegaard, que apresenta um pensamento mais concretamente virado à angústia, diferentemente de Schopenhauer, que não se vira tanto para este conceito.Todavia, na compreensão do seu pensamento, podemos entender a legitimidade que se dá ao tema da angústia.

É que a dor e o sofrimento, evocam uma angústia. Aliás, na biografia de Schopenhauer deixa-se claro que com seu abandono de Berlim para Frankfurt, Schopenhauer tenha levado uma vida de angústia e ascese. É por isso que em toda a sua obra, a dor, sofrimento e se assim se julgar conveniente – a angústia – constituem os principais focos da sua reflexão. Como afirmam Marcondes e Japiassú, "angústia é um mal-estar provocado por um sentimento de opressão, seja de inquietude relativa a um futuro incerto, à iminência de um perigo indeterminado mas ameaçador, ao medo da morte e às incertezas de um presente ambíguo" (MARCONDES; JAPIASSÚ, 2001, p. 14). É como estes dois autores vão definir a angústia.

Talvez não seja muito relevante trazer aqui em detalhes a biografia de Schopenhauer para mostrar a sua angústia, mas sim, seja pertinente referir que Schopenhauer, teve uma existência amarga que o condicionou a uma vida totalmente angustiante. O seu abandono de Berlim e fixação em Frankfurt e as relações com a sua mãe, tornam-se por conseguinte, o momento de tanta angústia, que levou até ao final da sua vida.

Em Kierkegaard, a angústia é tida como um estado de inquietude do existente humano provocado pelo pressentimento do pecado e vinculado ao sentimento de sua liberdade. Em Heidegger, como insegurança do existente diante do nada: o sentimento de nossa situação original nos mostra que fomos lançados no mundo para nele morrer. Já em Sartre, como consciência da responsabilidade universal engajada por cada um de nossos actos: a angústia se distingue do medo, porque o medo é medo dos seres do mundo, enquanto a angústia é angústia diante de mim. Aliás, "é preciso renunciar inteiramente o cogito cartesiano e fazer da consciência um fenómeno secundário e passivo. Na medida em que a consciência se faz, ela nunca é senão o que aparece a si mesma. Portanto ela possui uma significação, deve contê-la nela como estrutura da consciência" (SARTRE, 2008, p. 52).

A terminologia usada por Schopenhauer e Kierkegaard, é por conseguinte a mesma a nível do significado, dado que o primeiro prefere mais usar o termo *culpa* e o seguinte o termo *pecado.* Todavia, nada vicia a compreensão deste assunto.

A articulação do conceito de angústia em Kierkegaard é associada ao problema do pecado cristão, e mais concretamente parte da concepção do pecado de Adão e Eva. Assim, "a angústia tal como era em Adão jamais reaparecerá, porque Adão introduziu a pecabilidade no mundo. Donde, que essa angústia tivesse duas analogias: a angústia objectiva na natureza e a angústia subjectiva no indivíduo; das duas, a segunda contém algo mais e a primeira algo menos do que nunca poderia conter a angústia de Adão" (KIERKEGAARD, 1972, p. 84).

Mais uma vez a relação mundo e indivíduo! É que nesta relação há sempre algo a se explicar melhor, que é portanto a questão da singularidade e da parte no todo. O mundo é por assim dizer o todo e o indivíduo a parte. Mas a questão é que o que faz o mundo é sempre o indivíduo, pois o todo é a associação das partes. Assim, a angústia será igualmente entendida como existente no mundo quando esta for entendida como existente e patente nos indivíduos. Isto é, a existência da angústia está inteiramente dependente da existência dos indivídous.

O facto é que na filosofia schopenhaueriana, conhecemos um sentido de culpabilidade que se instala no mundo em favor da culpabilidade que um indivíduo assume em razão dos seus actos. Igual acontece com a questão da pecabilidade entendida por Kierkegaard no homem. Assim acontece que a angústia é a vertigem da liberdade que nasce quando ao querer o espírito instituir a síntese, a liberdade mergulha o olhar no abismo das suas possibilidades e se agarra à finitude para não cair.

Assim, para Kierkegaard o objecto da angústia é o nada sobre o qual Schopenhauer entende que "o nada não é compreendido como nada, senão na sua relação com alguma coisa. Ele supõe sempre a existência de tal relação e, portanto também a existência de alguma coisa" (SCHOPENHAUER, 2012a, p. 205).

Kierkegaard, faz uma relação entre o passado e a angústia, onde acredita que as sequelas do passado só podem constituir motivo de angústia enquanto se fazerem algo possível, o que significa que seja algo que possa vir a ter repercuções futuras, fora a isso, é quase que impossível atestar o passado como algo de angustiante. "O passado, para me dar angústia, deve apresentar-se perante mim como algo que de possível. Se eu tiver angústia por um mal passado, não será por esse mal como passado e sim como algo que se pode reproduzir, quer dizer, que pode tornar-se futuro" (KIERKEGAARD, 1972, p. 127).

Nesta relação do tempo com a angústia, podemos regressar à relação do tempo com a vida, feita por Schopenhauer, segundo a qual a única forma de vida possível é o presente, sendo o passado um simples registo dos factos e que não tem uma acção directa na vida presente. É que o passado e o futuro não existem objectivamente, senão como puras abstracções mentais. Assim, a angústia só pode ser realizável no presente e nunca no passado, pois, o passado é irrecuperável e o futuro sempre impossível.

Nas acepções de Schopenhauer e de Kierkegaard, entendemos que a vida e a angústia são apenas do domínio do presente, único momento possível e que tem implicações directas na vida do homem. Fora deste momento, nãose pode fazer face a nada. Aliás, mesmo nesta questão de Kierkegaard de apresentar a angústia por um mal passado, a única possibilidade é de ser angústia enquanto no futuro criar algumas implicações, e efectivamente em última instância concluímos que seja no presente e nunca fora dele porque o futuro é impossível.

Numa outra linha, seja em Kierkegaard assim como em Schopenhauer, angústia, sofrimento e dor, são fruto da acção do sujeito humano, regido pela sua vontade, que o conduz a este estado.

### 4.	A libertação por meio da arte

A vontade como sendo algo que se manifesta no homem traz-lhe grandes implicações, como tal, o sofrimento é uma das implicações da vontade, pois, na sua condição de livre em si, a vontade pode conduzir o homem ao sofrimento, e no pensamento schopenhaueriano, a arte é tida como uma forma de libertação.

A arte traz consigo a concepção do belo. E falar da arte implica ao mesmo tempo ter que falar da beleza, pois, a arte implica sempre o belo.

A ideia da arte em Schopenhauer, radica das ideias de belo de Platão e Kant. Kant, na sua obra crítica do juízo, salienta que "diante de um produto de arte bela tem-se que tomar consciência de que ele é arte e não natureza" (KANT, 2012, p. 162). A ideia que fica aqui é que a arte como tal é diferente da natureza, a arte é essencialmente bela, e a característica da arte é, no dizer de Kant, o belo.

No discurso sobre a libertação do sofrimento, Schopenhauer afirma que "o conhecimento projectado a este grau, dá origem à arte" (SCHOPENHAUER, 2012a, p. 47). Ora, a arte que aqui se fala, gera o conhecimento.

Para Schopenhauer, a arte é acima de tudo, um conhecimento, uma apreensão e comunicação de um objecto. Mas este objecto não é um fenómeno, uma coisa individual situada no tempo e no espaço, mas é, de acordo com o sentido que deu Platão a este conceito, o modelo ideal do qual surgem todas as individualidades fenoménicas.

As ideias são as espécies determinadas ou as formas e propriedades invariáveis e originárias. A relação entre o objecto e sujeito, não é uma relação de fenómeno, onde há uma aparição ou manifestação, mas sim, trata-se de uma relação numênica, quer dizer, não ligado à aparição como tal, mas sim, à essência.

A arte em Schopenhauer tem este poder comunicativo e apreensivo na medida em que traz a questão do objecto, que é o produto da arte. Assim, toda a arte deverá comunicar algo. A comunicação e apreensão que caracterizam a arte, fazem-na produzir conhecimento.

"O sentimento do belo, a contemplação estética, e a produção da obra de arte, nada mais são que o acesso de um sujeito ao mundo ideal" (SALVIANO, 2001, p. 39).

Aqui, podemos perceber que de todas as formas de conhecimento, apenas uma pertence às ideias, a forma de representação em geral: a de ser um objecto-para-um-sujeito. E aqui temos a questão da coisa em-si e o fenómeno. Na verdade, a relação de conhecimento em Schopenhauer, é de um objecto que é objecto para um sujeito. Haverá uma tomada de propriedades do objecto por parte do sujeito.

Na arte em Schopenhauer, a obra de arte deverá comunicar algo. E uma vez tida a arte como uma forma de libertação, aqui se entende que ao criar a arte para a libertação do sofrimento, acaba-se com esta dimensão apreensiva e comunicativa da arte, gerando conhecimento.

O estado da arte apresenta-se como condição para o conhecimento da ideia, que para Schopenhauer corresponde à contemplação pura, o êxtase da intuição, a fusão entre sujeito e objecto, o esquecimento de toda a individualidade e supressão do conhecimento, que obedece ao princípio da razão.

O objecto deste conhecimento da vontade será pois uma representação de um tipo especial, a representação adequada da vontade – um grau intermediário entre a vontade numênica e a mera vontade empírica (fenomênica) – também chamada de ideia platónica; por sua vez o conhecimento capaz as ideias é uma intuição, porém também atípica, uma intuição pura. (SALVIANO, 2006, p. 56).

A arte para Schopenhauer é conhecimento, o mais importante de todos, pois enquanto a ciência e a filosofia se limitam às escassas possibilidades do conceito, a arte tem como tarefa a intuição dos arquétipos platónicos, as ideias. O conhecimento empírico é relacional, ou seja, os objectos são apreendidos em sua individualidade e enquanto estão relacionados entre si e com a vontade empírica do sujeito.

Para o filósofo, o corpo surge como um acto da vontade objectivado, encontrado e visto na representação. Assim, por trás de todo fenómeno encontra-se a vontade, responsável pela essência íntima de tudo que é representado. A vontade é, portanto, o conhecimento a priori de tudo que existe no mundo fenomenal.

Compreende-se nitidamente que Schopenhauer reconhece em Kant três grandes méritos na sua filosofia como um todo, nomeadamente: "a distinção entre fenômeno e coisa-em-si; o deslocamento do significado moral do agir humano para além das fronteiras fenomênicas, em que ele toca imediatamente na coisa-em-si; e a subversão da filosofia escolástica" (SALVIANO, 2001, p. 32).

5.   Hierarquia das artes

Um dos problemas apresentados por Schopenahuer, é a questão da hierarquia das artes. O autor apresenta uma série das belas artes (arquitectura, escultura, pintura, poesia, música) que reproduzem uma hierarquia no que diz respeito ao modo de conhecer e comunicar a ideia como vontade objectivada, não mais como um simples objecto (fenómeno/representação) que se situa no tempo e espaço. Esse agora se trata do modelo ideal no qual se encontram representadas as individualidades fenomênicas: "o sentimento do belo, a contemplação estética, e a produção da obra de arte" (CRUZ, 2010, p. 5).

Com este propósito, Schopenhauer busca conferir à música as condições suficientes de reprodução da realidade íntima do mundo: realidade puramente verdadeira e correcta, possuidora de certa infalibilidade, por permitir remeter sua forma a regras bem determinadas, de expressão numérica, de que não se pode desviar sem deixar de ser música.

Como diz Barboza "quando a vontade cósmica, una e indivisível, nos seus actos originários, objectiva-se, fá-la deixando atrás de si um rasto de ideias hierarquizadas de acordo com o grau de objectividade que representam. Acontece ser este rasto reproduzível pela arte" (BARBOZA, 2001, p. 92).

O que se entende é que, no pensamento de Schopenhauer, as artes são meras representações de ideias, e que podem ser hierarquizadas. Na sua hierarquia das artes, o autor vai apresentar: a arquitectura, a escultura, a pintura, a poesia e a música. Estas artes são assim arrumadas de uma forma hierárquica, pois, entende-se que queiram transmitir alguma ideia: trata-se aqui desta dimensão comunicativa e apreensiva da arte.

Ora, podemos entender que a matéria serve de elo de ligação entre a ideia e o fenómeno, entre a eternidade e o tempo. Senão nota-se logo a compreensão do fenómeno como aquilo que aparece e é sintetizado na matéria por meio da ideia. E assim gera-se um produto da arte.

A arquitectura, é colocada como a primeira de entre as outras artes, pois, esta assume uma atitude de trazer em imagens as qualidades da natureza. É que a arquitectura, é a prima de entre todas as artes, pois, ela tem uma dimensão de originalidade, aquela que somente por ela podemos criar algo de novo. Uma nova criação artística.

Para elucidar com alguns exemplos, podemos reparar para as grandes obras de construção, onde a arquitectura assume uma posição determinante, na medida em que com o seu génio, cria algo de novo, uma obra jamais vista. É assim que as outras artes vão se encontrar efectivamente abaixo da arquitectura, pois, desta podem derivar as outras artes, como a pintura, escultura.

Todavia, "a arquitectura é tomada por Schopenhauer, em seu sentido artístico, fugindo, portanto, ao seu sentido utilitário. Do ponto de vista utilitário, a arquitectura encontrar-se-ia a serviço da verdade, enquanto, como arte, pode contribuir para o alcance do conhecimento puro" (CRUZ, 2010, p. 6).

Ora, o que situa uma arte superior a outra é antes de mais a ideia que expõe e não a matéria que traz. Depois da arquitectura, Schopenhauer fala da escultura e pintura como sendo as artes que do ponto de vista hierárquico seguem a ideia da arquitectura.

A escultura e a pintura, por sua vez, correspondem a graus mais elevados da objectivação da vontade; constituem o mundo de representações dotadas de inteligências. A contemplação do belo nesse contexto supera-se, dando condições para que mais um degrau possa ser identificado na hierarquia das artes, e o principal motivo encontra-se no facto de as duas objectivarem adequadamente, a vontade e a ideia de humanidade. "Representar de uma maneira imediata e intuitiva as ideias em que a vontade atinge o mais alto grau da sua objectivação, tal é, enfim, a grande missão da pintura histórica e da escultura" (SCHOPENHAUER, *apud* CRUZ, 2010, p. 7).

Como podemos ver, a arquitectura que é hierarquicamente superior, vai criar ou expor a ideia original e a escultura e pintura, ocupam-se efectivamente da materialização dessa ideia. Voltando ao nosso exemplo, podemos notar que as obras de construção, são primeiramente criadas pelos arquitectos, e a sua efectiva materialização ou construção, é mesmo da responsabilidade do escultor e pintor. Dizer escultor nesta abordagem, torna-se sinónimo de dizer construtor. Desta forma, claramente entende-se a ligação entre a arquitectura e escultura, e acima de tudo, está mais uma vez justificado o porquê da arquitectura impor-se como a arte do mais alto nível hierárquico.

A poesia constitui mais um passo no degrau hierárquico estabelecido entre as belas artes quando a finalidade maior é estabelecer o grau de objectividade da vontade. Nesse sentido, a poesia surge como "dotada da intenção de revelar as ideias, os graus da objectivação da vontade, comunicando-as aos ouvintes com clareza e vivacidade com que são apreendidas pela sensibilidade poética" (CRUZ, 2010, p. 8).

Na poesia, as ideias, essencialmente intuitivas, exprimem-se ao que as contempla (ouvinte/leitor) por meio de palavras (sinais), que, como conceitos abstractos, transmitem as ideias da vida, do quotidiano, da fantasia, do universo, o que se faz possível quando o ouvinte emprestar ao poeta a participação da sua própria imaginação.

É que como afirma Kant em *Crítica da Faculdade de Julgar* a diferença entre o génio e cientista é que o primeiro é inteiramente oposto ao espírito da imitação. O poeta, não imita, mas sim, com a sua imaginação artística, cria, e a sua criação é ficcionista, de tal maneira que pode cativar os seus espectadores. A dimensão ficcionista do poeta, radica da sua fantasia, que é uma característica própria da poesia.

A representação da ideia, que para Schopenhauer constitui a finalidade do poeta, faz-se possível onde o poeta, na condição de objecto próprio, prima por uma descrição subjectiva, por meio de uma intuição viva, na qual entram em destaque os próprios sentimentos do poeta.

Assim, da hierarquia das artes em Schopenhauer, podemos notar que a arte tem uma organização hierárquica, que se legitima da sua exposição da ideia. A maior originalidade na filosofia estética schopenhaueriana consiste na exposição de uma ideia prima e não tanto na síntese que se obtém no contacto com a matéria.

A poesia e a música são aqui identificadas como similares, pois, ambas tem a dimensão ficcionista e o uso da fantasia como principais características. O poeta e o músico, mesmo partindo de uma realidade tangível, têm a capacidade de extrapolar à dimensão material levando os espectadores a uma imaginação mais longínqua.

6.   Metafísica do belo

Depois de analisarmos a questão da hierarquia das artes, no discurso sobre a filosofia da arte em Schopenhauer, é importante fazer menção à questão sobre a metafísica do belo, pois, esta constitui um dos pontos centrais da filosofia estética schopenhaueriana, e um grande contributo para a compreensão da questão do belo.

A metafísica do belo é neste caso, a transposição da dimensão externa da coisa, indo até aquilo que realmente significa esse belo. Assim, entendemos que a estética é relacionada com a questão do bem-fazer artístico, tal como Schopenahuer ensinou aos seus alunos em Berlim: "estética ensina o caminho através do qual o efeito da beleza é atingido, dá regras à arte, segundo as quais ela deve produzir o belo. Metafísica do belo, entretanto, investiga a essência íntima da beleza, tanto na relação com o sujeito, que possui a sensação do belo, quanto em relação com o objecto que a ocasiona" (SCHOPENHAUER, *apud* BARBOZA, 2010, p. 10).

Assim, fica claramente entendido que a estética não é algo que se cinge na produção artística, mas sim, algo que relaciona o belo.

A relação entre o objecto e sujeito, é aqui na estética schopenhaueriana trazida à tona, pois, trata-se de uma estética que tem também uma função comunicativa e apreensiva. Da apreensão das propriedades do objecto pelo sujeito, chegamos à aquisição do conhecimento. E mais uma vez, a metafísica do belo tem também uma função gnosiológica.

Falamos da metafísica do belo porque, a metafísica significa o que está além da física, e o objecto é físico, que tenha em si o belo, todavia, para compreender e assumir a essência do belo, é necessário entrar numa dimensão metafísica. É por isso que a metafísica do belo preocupa-se em buscar a essência do belo contido no objecto.

TERCEIRO CAPÍTULO: CONFRONTAÇÃO DO PENSAMENTO DE SCHOPENHAUER COM OUTROS AUTORES

Depois de apresentarmos a ideia da vontade como sendo inata ao homem, e por via disso, independente do próprio homem quanto ao modo de agir, e o sofrimento como fruto de agir sob impulsos da vontade, a arte como sendo um veículo de libertação e que na sua função comunicativa e apreensiva geradora de conhecimento; seguiremos neste capítulo a análise crítica das principais ideias do pensamento filosófico de Schopenhauer que emanam das literaturas de vários autores contemporâneos a ele e posteriores a ele.

Apresentaremos em primeiro lugar a crítica comparativa sobre a ideia das virtudes e vícios, que no pensamento de Schopenhauer conhecem um rumo diferente de todos os anteriores, pois, com Schopenhauer a virtude é conhecida como a que segue a um reconhecimento dos vícios, e em função da conversão dos vícios é que se gera a virtude. Apresentaremos igualmente uma crítica no tocante ao conceito da liberdade, pois é um dos pontos centrais da filosofia schopenhaueriana. A vontade, que é articulada sob um ponto de vista metafísico, e ético, encontra aqui nesta abordagem sobre a liberdade uma das suas formas de manifestação.

Sendo a vontade geradora do sofrimento no homem, o nascimento e morte os momentos e formas exclusivas da manifestação da vontade no homem, e com o sofrimento como sendo fruto do agir sob impulsos da vontade; urge a necessidade da libertação do sofrimento. No pensamento de Schopenhauer a libertação é feita por meio da criação artística, e esta por sua vez, da sua função comunicativa e apreensiva, gera-se conhecimento.

Há, portanto, toda necessidade de apresentar um olhar crítico sobre a ideia da libertação por meio da arte apresentada por Schopenhauer.

Este capítulo fecha com uma síntese, onde nos propomos apresentar a nossa opinião geral sobre o trabalho todo, que gira em torno da fundamentação metafísica e análise axiológica da ideia da vontade e sofrimento em Schopenhauer. Uma fundamentação metafísica e análise axiológica, pois, "na filosofia, qualquer que seja seu fundamento ético, ela deve ter, seu ponto de apoio e sua base em alguma metafísica, quer dizer, na explicação do mundo e da existência em geral" (ROCHAMONTE, 2010, p. 70).

1.   Ética e virtudes

A ideia das virtudes, enquadra-se no âmbito do estudo da ética que desde a antiguidade se destacou de grande impacto na vida dos seres humanos.

Em Schopenhauer a ideia das virtudes está ligada à dos vícios, e a virtude surge como contraditória aos vícios. Portanto, a conversão dos vícios, dá origem às virtudes. A questão das virtudes lida igualmente com a questão da afirmação da dignidade da pessoa humana, que para Kant deverá ser fruto do reconhecimento da outra pessoa ser também igual a pessoa com que se defronta.

Na perspectiva schopenhaueriana, a dignidade da pessoa humana é afirmada na medida em que se reconheça que o outro tem os mesmos sofrimentos que os meus. Ou seja, é afirmada a posteriori, depois de se reconhecer o mesmo estado de sofrimento entre dois homens e nunca numa dimensão a priori tal como acontece em Kant onde a dignidade do outrem é afirmada pelo simples facto de ser pessoa, em Schopenhauer, é afirmada a partir do reconhecimento de possuir os mesmos sofrimentos. A ética da pessoa humana em Kant funda-se na igualdade entre os homens, reconhecida na sua condição a priori de todos serem homens, enquanto para Schopenhauer este reconhecimento não é algo a priori, daí os seus efeitos serem mais eficazes e concisos, pois todos reconhecem-se como iguais nos mesmos sofrimentos. Trata-se de sofrimentos como pessoa humana, que independem do *status socialis*[5]. Lévinas, não vai optar pelo reconhecimento da condição de sofredores, mas sim, do rosto, onde é preciso ver o meu rosto refletido no rosto do outrem.

Ora, o "outro" que me aparece como outrem não constitui nem meu inimigo, como queria Hobbes, ao afirmar que o Estado de Natureza é de luta de "todos contra todos", nem aparece como meu complemento como em Platão na sua República, pois isso significaria falta de alguma coisa para a afirmação de cada indivíduo. O desejo do outro nasce num eu que não carece de nada, ou seja, "nasce para além de tudo o que lhe pode faltar ou satisfazê-lo" (LÉVINAS, 2012, p. 49).

No desejo, o eu põe-se em movimento para o "outro", de maneira a comprometer a soberana identificação do eu consigo mesmo, cuja necessidade não é mais que nostalgia e que a consciência da necessidade antecipa. O movimento para o "outro", em vez de se completar ou contentar, implica-me uma conjuntura que, por um lado, não me concernia e deveria deixar-

---

[5]Do latim que significa *estatuto ou estado social*

me indiferente e, por outro, esta relação com o outro questiona-me, esvazia-me, descobrindo-me possibilidades sempre novas.

Este outro pelo qual a metafísica se manifesta como seu desejo, manifesta-se essencialmente como Rosto e este, "está presente na sua recusa de ser conteúdo" (LÉVINAS, 1980, p. 173). Assim, o rosto não poderá ser compreendido ou englobado, nem visto, nem tocado pois ele simboliza um desejo metafísico e, na sensação visual ou táctil, a identidade do eu implica a alteridade do objecto que nesse caso acaba se tornando um conteúdo.

Assim escreve Lévinas em *Humanismo do Outro Homem*:

"O outro que se manifesta no rosto perpassa, de alguma forma, sua própria essência plástica, como um ser que abrisse a janela onde sua figura no entanto já se desenhava. Sua presença consiste em se despir da forma que, entrementes, já se manifestava. Sua manifestação é um excedente sobre a paralisia inevitável da manifestação. É precisamente isto que nós descrevemos pela fórmula: o rosto fala. A manifestação do rosto é o primeiro discurso. Falar é, antes de tudo, este modo de chegar por detrás de sua aparência, por detrás de sua forma, uma abertura na abertura" (LÉVINAS, 2012, p. 51).

O rosto que se apresenta na minha frente recusa-se a ser possuído pela minha totalidade, ou seja, recusa-se aos meus poderes. Na sua manifestação, a imediata forma pela qual o rosto se apresenta como sensível, embora que pareça captável, transmuda-se em resistência total à minha apreensão. Entretanto, esta resistência à apreensão não acontece como uma resistência que não possa ser ultrapassada como se fosse pela sua dureza, mas sim a expressão que o rosto imprime sobre mim na sua manifestação impõe esse poder de resistência.

O grande debate que aqui podemos estabelecer, é que enquanto para Kant a dignidade do outro se estabelece do simples reconhecimento do facto do outro ser também pessoa; em Schopenhauer a dignidade se estabelece na medida em que se reconhece que ambos têm os mesmos sofrimentos; e em Lévinas, a dignidade do outro se reconhece a partir do momento que se vê o rosto do outro reflectido em mim.

Ora, torna-se legítimo reconhecermos aqui entre Lévinas e Schopenhauer haver algo de comum e que é importante salientar. O ver o rosto do outro reflectido no meu, significa, se assim o afirmarmos, também reconhecer a questão do outro ter os mesmos sofrimentos que os meus. E se assim o preferirmos, podemos dizer com Hannah Arendt "na acção e no discurso, os homens mostram quem são, revelam activamente suas identidades, pessoais e singulares, e assim apresentam-se ao mundo" (ARENDT, 2007, p. 192).

Já sobre as virtudes, que não fogem a questão ética, Nietzsche primeiro procura apresentar uma justificativa do porquê da ansiedade pelas virtudes. É que as virtudes, no entender deste autor, não são algo apenas por ter a fé, mas sim, algo que se deve reflectir na praxis humana. Enquanto para Schopenhauer as virtudes são entendidas como inversão dos vícios, e que a sua prática é mais exequível e credível. Nietzsche não foge a mesma lógica, todavia, mostra que mais do que crer nas virtudes, é preciso praticá-las.

"E há algo de mais belo do que procurar as próprias virtudes? Isto não é equivalente a ter fé nas próprias virtudes?" (NIETZSCHE, s/d, p. 140); é assim como este autor se questiona. A procura das virtudes, será por assim dizer algo de mais superior no homem, na medida em que procura o correcto viver.

"Guardai-vos contra aqueles que atribuem grande valor a que se reconheça o seu tato moral, a delicadeza nas distinções morais; não nos perdoariam jamais, se lhes ocorrer de cometer um erro diante de nós (ou, até mesmo contra nós) — tornar-se-iam instantaneamente os nossos caluniadores e detractores, mesmo se em aparência continuam a se mostrar nossos amigos. Bem-aventurados aqueles que esquecem, porque acabam esquecendo-se também da insensatez que cometeram" (NIETZSCHE, s/d, p. 141).

Assim, a procura das virtudes, acaba neste pensamento de Nietzsche ofuscando a insensatez que os homens cometem. Este olhar de Nietzsche, é muitas vezes equiparado ao problema do pessimismo de Schopenhauer, que influenciou grandemente o pensamento de Nietzsche.

Vemos, pois, que Nietzsche não procura simplesmente criar um sistema de ética que se contraponha aos existentes do seu tempo, mas antes denunciar o moralismo imiscuído até mesmo onde a aparência do extremo ateísmo e o mais gélido racionalismo parecem guiar a pena do filósofo. Trata-se de percorrer os labirintos do Nada – esta "negra oficina dos ideais" (NIETZSCHE, 1998: 37) – e desvelar suas raízes, descrever sua genealogia.

## 2.	A liberdade

Depois de apresentada uma perspectiva crítica sobre a ética e virtudes em Schopenhauer, segue-se à ideia da liberdade, que também constitui um dos pontos fundamentais da filosofia de Schopenhauer.

Schopenhauer, na sua obra *O livre-arbítrio*, ao falar da liberdade, defini-a como um conceito negativo e divide-a em três, nomeadamente: a física, intelectual e moral.

Para este ponto julgamos pertinente apresentar a crítica de Hegel, opositor de Schopenhauer. De ressaltar que na biografia de Schopenhauer salienta-se que teria abandonado as suas aulas em Berlim, quando na mesma hora que dava aulas, os alunos o abandonavam e iam assistir aulas de Hegel. Schopenhauer falando de Hegel diz: "Hegel, investido do alto, pelas forças do poder foi um charlatão de mente obtusa, insípido, nauseabundo, iletrado que chegou ao cúmulo da audácia, garatujando e dizendo as mais loucas e mistificadoras coisas sem sentido" (SCHOPENHAUER, *apud* REALE, ANTISERI, 2005, p. 199).

Para Hegel, não há dúvidas de que o homem é naturalmente livre, na medida em que a sua essência constitui a liberdade, ou seja, o fim pelo qual ele é destinado, que Hegel chama de uma liberdade enquanto conceito.

A liberdade constitui um ideal o qual o homem deve alcançar mediado pela educação e do querer e não um estado imediato e natural, como queriam os contratualistas. Por essa razão, o Estado de Natureza dos contratualistas, por ser de plena liberdade imediata e natural, constitui um "Estado da injustiça, da violência, do instinto natural irrefreado das acções e sentimentos inumanos" (HEGEL, 1999, p. 41).

Para Hegel, o Estado constitui uma colectividade de existência, ou seja, o Estado, as suas leis, as suas instituições, pertencem directamente ao indivíduo. A história e as acções passadas e futuras do Estado pertencem ao indivíduo. Assim, no Estado, os indivíduos projectam-se e são, ao mesmo tempo, suprassumidos.

Deste modo, "quando a vontade subjectiva se submete às leis, a oposição entre liberdade e necessidade desaparece. O racional como substancial é necessário; somos livres quando o reconhecemos como lei e quando seguimos essa lei como substância de nossa própria essência. A vontade subjectiva e objectiva são então conciliadas formando uma unidade serena..." (HEGEL, 1999, p. 40).

Por esta razão, para Hegel, quando a sociedade e o Estado impõem restrições visam a limitação dos sentimentos rudes e instintos grosseiros, como também a arbitrariedade reflectida dos caprichos e da paixão. Essa limitação faz parte do processo de mediação do qual se produz a consciência e a vontade da liberdade como ela verdadeiramente deve ser.

Para Hegel, não se pode conceber a liberdade somente no seu sentido formal subjectivo, abstraído dos objectos e fins que lhes são essenciais, pensando que a limitação dos instintos de cobiça e de paixão que só pertencem ao indivíduo constituem uma limitação da liberdade, pois, essas restrições constituem pura e simplesmente a condição da qual surge a liberdade, sendo a sociedade e o Estado as condições nas quais a liberdade se realiza.

Neste sentido, para Hegel, a liberdade nunca pode ser um empreendimento de cada indivíduo de forma isolada, mas constitui tarefa de todos os indivíduos juntos em comunidade, na qual se observa uma institucionalização efectiva que garanta, justamente, a liberdade individual objectivada no todo da comunidade.

A grande discórdia entre estes dois autores no tocante ao discurso sobre a liberdade, reside no facto da liberdade ser definida por Schopenhauer como ausência de qualquer que seja o impedimento. Senão vejamos: Schopenhauer ao definir a liberdade como ausência de qualquer que seja o impedimento, chega a tomar o exemplo do Estado, no qual, enquanto se tratar de um Estado de Natureza, onde não existem códigos legais, o homem vive numa total liberdade, pois, a lei é por assim dizer, como um obstáculo para a vida da pessoa, é por isso que a liberdade conhece limitações no Estado de Direito, pois, aqui há leis que regulam a vida do cidadão.

Hegel, toma a liberdade como racionalidade, e o Estado como o lugar onde se manifesta essa racionalidade. Mas a questão que se colocaria é se a liberdade moral, terceiro tipo de liberdade em Schopenhauer, não significa também racionalidade? Nota-se claramente que na liberdade moral, estamos defronte a uma situação em que não há impedimento algum, e a racionalidade, ou a consciência humana vai poder saber fazer a melhor escolha. Assim, em todos os sentidos, a liberdade como algo racional, é aceite e definido por estes dois autores.

## 3.	A libertação

Na filosofia de Schopenhauer, o sofrimento tem origem na vontade. O mundo é o espelho da vontade. Mas, no homem, a vontade cega desenvolveu um olho no qual se reflectiu e, dando-se a conhecer, pôs diante de si dois caminhos: afirmar a vida ou renegá-la, levando o querer a findar.

Esse conhecimento que precede tanto a afirmação quanto a negação da vontade de vida não é abstracto, passível de expressão em palavras, mas antes um conhecimento vivido, expresso em actos e condutas. A vontade clarividente que se afirma permanece querendo o mesmo que antes queria, mas o quer agora conscientemente; a vontade clarividente que se nega fez do conhecimento um quietivo apto a silenciar e suprimir o próprio querer. Somente neste caso, como uma excepção e unicamente através do ser humano, a liberdade entra em cena contradizendo o seu próprio fenómeno.

A libertação do sofrimento na filosofia deste autor, é feita por meio da arte, e esta, na sua função apreensiva e comunicativa gera conhecimento. Na perspectiva de Sigmund Freud, para toda a humanidade, assim como para o indivíduo, a vida é difícil de suportar, pois, o sofrimento não constitui excepção para ninguém.

Toda a humanidade tem sempre uma cota de privações que se lhe impõe pela cultura a que cada indivíduo pertence, ou mesmo pelas demais pessoas. Salienta Freud que trata-se daquilo que a natureza vai chamar de destino. "Uma cota de privações lhe é imposta pela cultura de que faz parte; outra porção de sofrimento lhe é causada pelas demais pessoas, seja a despeito dos preceitos da cultura, seja em consequência das imperfeições dela. A isso se acrescentam os danos que a natureza indomada – ele a chama de destino – lhe provoca" (FREUD, 2012b, p. 55/6).

Ao analisar esta perspectiva freudiana, entendemos claramente que para este autor, o sofrimento é algo que faz parte da vida da humanidade, e não pode ser distanciado dela. Ora, se por assim dizer, reconhecemos que o sofrimento seja mesmo uma realidade na humanidade, que é causado não por alguma acção humana, mas sim, a própria humanidade é causadora do sofrimento que vai desde os indivíduos até se generalizar em toda a humanidade, ainda que digamos que o sofrimento também é causado pelas demais pessoas, estamos a dizer o mesmo, pois, as demais pessoas são também parte da humanidade.

Ainda que reconheçamos que o sofrimento seja parte da humanidade, é preciso que tenhamos a consciência desse sofrimento para que possamos arranjar mecanismos de libertação. Pois, "todo o sofrimento é apenas sensação, existe apenas na medida em que o percebemos, e apenas o percebemos em consequência de certas disposições do nosso organismo" (FREUD, 2012a, p. 65).

A ideia a transmitir é que, pese embora se reconheça que o sofrimento é uma realidade na vida da humanidade, é preciso que se tenha a consciência do sofrimento para que se possa trilhar caminhos para a libertação. Na perspectiva freudiana, o sofrimento será tido como do domínio psíquico, mas também tem repercruções no organismo humano. E "a protecção mais imediata contra o sofrimento que pode resultar das relações humanas é da solidão voluntária, o distanciamento em relação aos outros compreende-se: a felicidade que se pode alcançar por esse caminho é a quietude" (FREUD, 2012a, p. 65).

Freud, na sua psicanálise, entende que a libertação do sofrimento deve ocorrer por meio de uma conversa com um psicólogo. A terapia psicológica, é o melhor mecanismo para a libertação do sofrimento. Este mecanismo de libertação é entendido na medida em que se entende que, o sofrimento apesar de ser uma realidade na humanidade, é algo que se deve reconhecer primeiramente a nível mental para que se possa fazer um trabalho de libertação, por um lado; e por outro lado, da ideia de que o sofrimento é algo que atinge a dimensão mental do homem, pese embora tenha repercruções no organismo físico.

Na filosofia schopenhaueriana, a libertação acontece por meio da criação artística, que posteriormente gera conhecimento. Ora, encontramos aqui já com Freud uma nova dimensão da compreensão do problema da libertação do sofrimento, pois, aqui entendemos que para Freud, o sofrimento é antes de mais um problema psíquico, pese embora se reconheça que seja uma realidade na humanidade, e que não constitui excepção para qualquer indivíduo.

Reconhecer o sofrimento, é um passo dado para que se possa trilhar caminhos da sua libertação. É por isso que o caminho da psicanálise é o mais viável para ultrapassar o sofrimento.

Considerações Finais

O pensamento filosófico de Schopenhauer é totalmente compreensível quando tomada em consideração a sua biografia, pois, transmite acima de tudo aquilo que foi o seu *modus vivendi*[6]. O pessimismo que caracteriza este pensador, é fruto da sua existência amarga e em algum momento, isolado do resto da comunidade.

Schopenhauer conhece grande influência da doutrina da dualidade cosmológica de Platão, do homem de natureza má de Hobbes e da filosofia moral de Kant. O seu panteísmo, a negação da identificação de Deus com o Mundo, constitui uma base fundamental para a compreensão daquilo que constitui posteriormente a sua ética e todo o seu pensamento filosófico.

No seu pensamento ético, Schopenhauer começa por apresentar a ideia das virtudes, que são ao seu entender mais compreensíveis quando se faz um sentido inverso, na medida em que se parta dos vícios, que naturalmente são o seu oposto, para se chegar às virtudes, que são entendidas como a qualidade positiva das acções humanas. Não haverá neste sentido uma maior exiguidade das virtudes enquanto forem simplesmente entendidas como elas sem se entender o seu oposto.

Esta questão das virtudes, reflecte-se também quando se afirma a dignidade da pessoa, pois, na opinião de Schopenhauer, a dignidade da outra pessoa não é reconhecida pelo simples facto do outro ser pessoa, mas sim, é fruto do reconhecimento da semelhança das vicissitudes entre ambos. Quer dizer, enquanto não se reconhecer que o outro sofra de igual modo a mim, não há uma dignidade afirmada objectivamente. Ora, no debate com Lévinas, podemos entender que o ver o rosto do outro reflectido no meu rosto pode ser o que Schopenhauer tentou entender como o reconhecimento da semelhança das vicissitudes.

Quanto à liberdade, Schopenhauer define-a como um conceito negativo pela sua natureza, na medida em que significa ausência de qualquer que seja impedimento. A liberdade entendida por Schopenhauer é dividida em três, sendo: a física, intelectual e moral. Acontece que Schopenhauer em nenhum momento chamou a liberdade de irracional no homem, mas sim, deixou-a mais clara ao debatê-la com a consciência, onde afirma-se com maior veemência a sua racionalidade.

---

[6]Do latim que significa *modo de viver*.

Justo com Hegel – seu contemporâneo e opositor – obviamente que Schopenhauer tentasse apresentar aqui um conceito contrário ao do seu adversário na academia. É que Hegel, fundamenta a liberdade sob o ponto de vista histórico, e que é tida como manifestação da racionalidade, e que tem o Estado como o lugar da sua manifestação plena. Portanto, o Estado é uma forma material da racionalidade.

Agora, se o Estado é resultado de um contrato social, no qual se vive sob regência de leis de Direito, não será neste caso o Estado entendido como obstáculo para a realização da liberdade? Schopenhauer não posiciona-se claramente perante esta questão, todavia, entendemos que, ainda que o Estado o seja assim como não, isso não constitui preocupação de Schopenhauer. O que se entende é que a liberdade será em acepções de ambos autores algo de racional.

A liberdade, como a possibilidade de escolha, deverá, em nosso entender, manifestar a sua racionalidade, numa posição em que o sujeito não tenha impedimento algum, e que se decida claramente sob que caminho vai trilhar, ou ainda, a liberdade, também pode ser tomada como a possibilidade de, defronte às leis, poder optar por obedecê-las assim como não. Portanto, a lei não é obstáculo da liberdade.

Assim, concluímos que a liberdade é um acto puro da razão. Deste modo, embora haja algum obstáculo de origem legislativo, nada ofusca a liberdade dos homens. O encontro entre a liberdade e consciência faz com que a liberdade seja algo mais reflectido e racional, pois a consciência faz com que reflictamos melhor os nossos actos e escolhas.

A vida e a morte são fenómenos da vontade, e independem do homem, quer dizer, não há uma clara intervenção do homem para a realização da vida e da morte. A vida, por ser fenómeno da vontade, e esta que por si é irracional, tende a levar o homem ao sofrimento, todavia, Schopenhauer salienta que a libertação do sofrimento não pode ser feita por meio do suicídio, pois, o suicídio é errado. Uma das formas de libertação do sofrimento é a ascese. A vida ascética compreende quatro etapas do seu desenvolvimento, nomeadamente: castidade; pobreza voluntária; aceitação do sofrimento causal ou provocado por outra pessoa; e mortificação do corpo.

A vida na concepção de Schopenhauer só é possível, do ponto de vista do tempo, no presente, dado que o passado é irrecuperável e o futuro não se alcança. Entendemos que realmente a vida se faça simplesmente no presente, mas que o mesmo é passageiro. O passado é o lugar onde se armazenam todas as memórias da vida presente, e o futuro por conseguinte, é inacessível ao homem. Portanto, o passado e o futuro são meras abstracções metafísicas, enquanto que o presente é uma realidade vivencial.

Sigmund Freud, acredita que o sofrimento seja originado pela humanidade, na sua individualidade e na sua totalidade. Todavia, o sofrimento, na compreensão deste pensador é do domínio psíquico, pese embora tenha repercussões no organismo. Com isto podemos concluir que várias vezes os homens sentem-se ressentidos em seu sofrimento que tem uma dimensão simplesmente psicológica. Entendemos que o sofrimento só pode ter efeitos no organismo enquanto a pessoa o mentalizar e assumir como tal.

Schopenhauer, afirma que a forma de libertação do sofrimento é a arte, pois, através da criação artística – que é a mera apresentação de ideias, na sua originalidade – o sujeito criador vai poder encontrar uma contemplação do belo, que o leve a outra dimensão, a gnosiológica. A função apreensiva e comunicativa da arte, fazem dela geradora de conhecimento.

Em oposição a esta ideia, Freud entende que a libertação do sofrimento é feita por meio de uma terapia com um psicólogo. Lógico, Freud é um psicanalista. Nesta terapia, o sujeito sofrente encontra a razão do seu sofrimento e com a ajuda do especialista poderá se libertar.

Portanto, em nosso entender, a dimensão terapêutica da arte é a mais viável para a libertação do sofrimento, pois ultrapassa uma simples dimensão terapêutica para estender-se a uma outra dimensão que é a gnosiológica.

A filosofia de Schopenhauer encontra-se abalizada do ponto de vista metafísico e ético, nestes dois grandes polos: vontade e sofrimento. A ideia a entender é que, há uma continuidade, do ponto de vista do abandono da compreensão de uma tradicional metafísica do ser, que Kant rompe ao apresentar uma metafísica dos costumes. Uma metafísica que se baseia na praxis quotidiana do homem, sem ser de forma alguma Antropologia. É assim como torna-se legítimo para nós, trazer fundamentos metafísicos e analisar de forma axiológica, os conceitos de vontade e sofrimento, na filosofia de Schopenhauer.

ANEXOS

1.   Vida de Schopenhauer

Arthur Schopenhauer nasceu em Dantzig (Prússia), em 22 de Fevereiro de 1788. Filho do comerciante Henrich Floris Schopenhauer e de Johanna Henriette Trosenier, que o encaminharam aos estudos voltados para o comércio. Viajou por diversos países da Europa com a finalidade de aprimorar seus conhecimentos. Após o falecimento de seu pai, provavelmente por suicídio, Arthur iniciou seus estudos humanísticos. Em 1807 matriculou-se no Liceu Weimar. Em 1809 cursou a faculdade de medicina de Gottigen, tendo como professor Schulze, que o aconselhou o estudo de Platão e Kant. Em 1811, na Universidade de Berlim, assistiu cursos ministrados por Schleiermacher e Fichte. Doutorou-se pela Universidade de Berlim com tese intitulada Quadrupla Raiz do Princípio da Razão Suficiente. Johanna, sua mãe, era escritora. Mulher bem sucedida como romancista, frequentava círculos que Arthur considerava 'mundanos', e por isso não recebiam sua aprovação. Johanna criou um salão em Weimar, onde nas poucas visitas que Schopenhauer fez a este local, teve oportunidade de entrar em contacto com Goethe. Tornaram-se amigos e Goethe acabou por sugerir que Schopenhauer trabalhasse uma teoria anti-newtoniana. Este estudo possibilitou que, em 1816, realizasse um trabalho intitulado: Sobre a visão e as cores.

A relação mãe e filho era instável e conflituosa, levando Schopenhauer a distanciar-se definitivamente de sua mãe em 1814. Ambos desvalorizavam-se mutuamente em público. A mãe, disse certa vez, que a tese de Schopenhauer não passava de um 'tratado de farmácia', ao mesmo tempo que o filho declarava que Johanna somente seria lembrada por ter sido sua mãe, e não pelos romances que escreveu. No período compreendido entre 1818 e 1819, este filósofo viveu na Itália. Ao retornar em 1820, após submeter-se a uma selecção, passou a ministrar aulas na Universidade de Berlim. Neste período entra em conflito com Hegel, que leccionava na mesma universidade, disputando com ele a presença de alunos em seus cursos. Schopenhauer fracassa nesta disputa. Com apenas quatro ouvintes em sua sala, renunciou às aulas. Apresentou crises depressivas após o ano de 1821, ao desentender-se com uma pensionista que residia na mesma pensão em que vivia. Este episódio fez com que Schopenhauer se comprometesse economicamente com a pensionista por muitos anos. Mais tarde, Schopenhauer voltou a procurar a Universidade de Berlim para leccionar, mas não obteve êxito nesta procura.

Publicou, nesta época a obra *O mundo como vontade e representação*, pela qual recebeu algum reconhecimento. Vinte anos após esta publicação, saiu a segunda edição desta obra, enriquecida com um segundo volume de notas e aditamentos. Em 1831, para fugir de uma epidemia de peste que tomava Berlim, Schopenhauer mudou-se para Frankfurt, permanecendo nesta cidade até seu falecimento, que deu-se em 21 de Setembro de 1860, vítima de pneumonia. Viveu uma vida muito solitária, preferindo a companhia de animais a outros seres humanos. Nos últimos anos de sua vida, obteve reconhecimento do público em relação a sua obra, quando então na Alemanha a filosofia de Hegel perdeu sua força, dando lugar a filosofia de Schopenhauer. Suas idéias exercem forte influência sobre a cultura posterior à dele, o que percebe-se nas obras de Horkheimer, Wittgenstein e escritores como Tolstói, Zola, Anatole France, Kafka e Thomas Mann. Morreu em 1860, vítima de pneumonia.

Os últimos anos da vida de Schopenhauer proporcionaram-lhe um reconhecimento que ele sempre buscou. Artigos críticos surgiram em grande quantidade nos principais periódicos da época. A Universidade de Breslau dedicou cursos à análise de sua obra e a Academia Real de Ciências de Berlim propôs-lhe o título de membro, em 1858, que ele recusou.

2. Obras de Schopenhauer

Suas principais publicações foram:

- O mundo como vontade e representação (1819);

- Sobre a quadrupla raiz do princípio da razão suficiente (1813);

- Sobre a visão e as cores (1816);

- Sobre a vontade da natureza (1836);

- Os dois princípios fundamentais da ética (1841);

- Parerga e Paralipomena (1851).

Referências Bibliográficas

Principais

SCHOPENHAUER, Arthur. **Do mundo como vontade e representação (Livro IV)**. Rio de Janeiro: Nova Fronteira Participações, 2012a.

______________________ **O livre-arbítrio**. Rio de Janeiro: Nova Fronteira Participações, 2012b.

______________________ **O mundo como vontade e representação (livro III)**. São Paulo: Abril Cultural, 1980.

______________________ **De la quadruple racine du principe de raison suffisante**. Paris: Livrarie Philosophique J. Vrin, 1997.

Secundárias

ABBAGNANO, Nicola. **História da Filosofia:** volume 9. Lisboa: Editorial Presença, 1991.

ARENDT, Hannah. **A condição humana**. 10 ed, Rio de Janeiro: Forense Universitária, 2007.

Aristóteles. **Ética a Nicómaco**. 4 ed, São Paulo: Martin Claret, 2010.

BARBOZA, Jair. **A metafísica do belo de Arthur Schopenhauer**. São Paulo: Humanitas Editora, 2001.

CRUZ, Raimundo José Barros. **Arthur Schopenhauer e Ludwig Van Beethoven: sobre a capacidade de expressão na música**. Colómbia: Universidade Distrital Francisco José de Caldas, 2010.

FREUD, Sigmund. **O mal-estar na cultura**. Porto Alegre: L&PM, 2012a.

______________ **O futuro de uma ilusão**. Porto Alegre:L&PM, 2012b.

GRISSAULT, Katy. **50 Autores-chave de Filosofia**. Petrópolis: Vozes, 2012.

HEGEL, Georg Wilhelm Friedrich. **Filosofia da História**. Brasília: Universidade de Brasília, 1999.

JAPIASSÚ, Hilton e MARCONDES, Danilo. **Dicionário Básico de Filosofia**.Rio de Janeiro: Jorge Zahar Editor, 2001.

KANT, Immauel. **Fundamentação da Metafísica dos Costumes**. Lisboa: Edições 70, 1960

_______________ **Crítica da Razão Pura**. São Paulo: Martin Claret, 2011.

_______________**Crítica da Faculdade de Julgar**. 3 ed, Rio de Janeiro: Forense, 2012

KIERKEGAARD, Soren. **O conceito de angústia**. Lisboa: Presença, 1972.

LEFRANC, Jean. **Compreender Schopenhauer**. 5 ed, Petrópolis: Vozes, 2011.

LÉVINAS, Emmanuel. **Humanismo do Outro Homem**. 4 ed, Petrópolis: Vozes, 2012.

_______________ **Totalidade e Infinito**. Lisboa:70, 1980.

MARCONDES, Danilo. **Iniciação à História da Filosofia: Dos Pré-Socráticos a Wittgnstein**. Rio de Janeiro: Jorge Zahar Editor, 2010.

NIETZSCHE, Friedrich. **Além do bem e do mal ou Prelúdio de uma Filosofia do Futuro**. São Paulo:Universidade São Paulo, s/d.

_______________ **Genealogia da moral: uma polémica**. São Paulo: Companhia de Letras, 1998.

PASCAL, Georges. **Compreender Kant**. 6 ed, Petrópolis: Vozes, 2011.

REALE, Giovanni e ANTISERI, Dário. **História da Filosofia: Do Romantismo até os nossos Dias**. São Paulo: Paulus, 1991.

_______________ **História da Filosofia: Do Romantismo ao Empiriocriticismo**. São Paulo: Paulus, 2005.

ROCHAMONTE, Catariana. **Metafísica e moralidade na filosofia de Schopenhauer.** Rio Grande do Rio: Universidade Federal do Rio Grande do Norte, 2010.

SALVIANO, Jarlee Oliveira Silva. **Labirintos do nada: a crítica de Nietzsche ao niilismo de Schopenhauer.** São Paulo: Universidade de São Paulo, 2006.

SALVIANO, Jarlee Oliveira Silva. **O niilismo de Schopenhauer.** São Paulo: Universidade São Paulo, 2001.

SANTO AGOSTINHO. **Confissões.** 2 ed, Petrópolis: Vozes, 2013.

SARTRE, Jean-Paul. **Esboço para uma teoria das emoções.** Porto Alegre: L&PM, 2008.

Outras fontes

HEIDEGGER, Martin. **Ser e Tempo.** Petrópolis: Vozes, 2009

HOBBES, Thomas: **Leviatã.** São Paulo, 2006

SPINOZA, Baruch. **Ética: demostrada segundo el orden geométrico.** Madrid: Nacional, 1980

PLATÃO. **A República.** São Paulo: Nova Cultural, 1997.